The Tragedie of King Lear
Die Tragödie von König Lear

Steckels Shake-Speare

William Shakespeare

The Tragedie of King Lear

Die Tragödie von König Lear

Titelbild:
Holzschnitt von Edward Gordon Craig, 1920

Rückseite: Karl Kraus, Postskriptum zum letzten Brief
an Sidonie Nádherny vom 15./16.5.1936
aus: Karl Kraus, Briefe an Sidonie Nádherny von Borutin 1913-1936
Hg. von Friedrich Pfäfflin © Wallstein Verlag, Göttingen 2005
Reproduktion mit freundlicher Genehmigung
des Brenner-Archivs, Universität Innsbruck

Bühnenrechte beim Verlag der Autoren

© Verlag Uwe Laugwitz,
D-21244 Buchholz in der Nordheide, 2019

ISBN 9783-933077-56-1

Inhalt

The Tragedie of King Lear	6
Die Tragödie von König Lear	7
Dramatis Personæ	254
Anmerkungen	255
Nachwort	
Zu dieser Edition	271
Zum Stück	
Textgrundlage	272
Getilgte Stellen	274
Quellen	
Harsnett und das *Miracle book*	277
The True Chronicle History of King Leir	279
Zur Chronologie	280
Biographische Bezüge	281
Literatur	288
Editionsplan	290

The Tragedie of King Lear.

Die Tragödie von König Lear

Actus Primus. Scoena Prima.

Enter Kent, Gloucester, and Edmond.

Kent. I thought the King had more affected the
Duke of *Albany*, then *Cornwall*.
Glou. It did alwayes seeme so to vs: But
now in the diuision of the Kingdome, it ap-
peares not which of the Dukes hee valewes
most, for qualities are so weigh'd, that curiosity in nei-
ther, can make choise of eithers moity.
Kent. Is not this your Son, my Lord?
Glou. His breeding Sir, hath bin at my charge. I haue
so often blush'd to acknowledge him, that now I am
braz'd too't.
Kent. I cannot conceiue you.
Glou. Sir, this yong Fellowes mother could; where-
vpon she grew round womb'd, and had indeede (Sir) a
Sonne for her Cradle, ere she had husband for her bed.
Do you smell a fault?
Kent. I cannot wish the fault vndone, the issue of it,
being so proper.
Glou. But I haue a Sonne, Sir, by order of Law, some
yeere elder then this; who, yet is no deerer in my ac-
count, though this Knaue came somthing sawcily to the
world before he was sent for: yet was his Mother fayre,
there was good sport at his making, and the horson must
be acknowledged. Doe you know this Noble Gentleman, *Edmond*?
Edm. No, my Lord.
Glou. My Lord of Kent:
Remember him heereafter, as my Honourable Friend.

I, 1

Kent, Gloster, Edmund.

KENT Ich war überzeugt, der König sei dem Herzog von Albany gewogener als dem Cornwall.

GLOSTER Das schien uns allen so; aber jetzt, bei der Teilung des Königreichs, ist nicht erkennbar, welchen der Herzöge er höher schätzt: denn die Beschaffenheiten sind so ausgeglichen, daß auch bei genauestem Hinsehen keiner dem anderen etwas voraus hat.

KENT Ist das nicht Euer Sohn, Mylord?

GLOSTER Seine Entstehung, Sir, geht zu meinen Lasten: seine Anerkenntnis hat mich so oft erröten lassen, daß ich nun gepanzert bin.

KENT Ich kann Euch nicht folgen.

GLOSTER Sir, die Mutter dieses Burschen konnte es: daraufhin ward sie runden Leibes, Sir, und bekam doch wahrhaftig vor einem Mann für ihr Bett ein Knäblein für ihre Wiege. Riecht er nach Fehltritt?

KENT Der Fehltritt sollte mich nicht reuen, der ein so ansehnliches Resultat zeitigt.

GLOSTER Aber ich habe einen Sohn, Sir, einen legitimen, ein gutes Jährchen älter als dieser, der meinem Herzen darum nicht näher steht: obwohl hier der Bursche was Ungebetenes an sich hatte, als er zur Welt kam, war seine Mutter doch schön, es ging hoch her bei seiner Herstellung, und so blieb nichts als den Bankert anzunehmen. Edmund, kennst du diesen edlen Gentleman?

EDMUND Nein, Mylord.

GLOSTER Mylord von Kent: merk ihn dir als einen meiner besten Freunde.

Edm. My seruices to your Lordship.
Kent. I must loue you, and sue to know you better.
Edm. Sir, I shall study deseruing.
Glou. He hath bin out nine yeares, and away he shall
   againe. The King is comming.
   Sennet. Enter King Lear, Cornwall, Albany, Gonerill, Re-
         gan, Cordelia, and attendants.
Lear. Attend the Lords of France & Burgundy, Gloster.

Glou. I shall, my Lord.   *Exit.*
Lear. Meane time we shal expresse our darker purpose.
   Giue me the Map there. Know, that we haue diuided
   In three our Kingdome: and 'tis our fast intent,
   To shake all Cares and Businesse from our Age,
   Conferring them on yonger strengths, while we
   Vnburthen'd crawle toward death. Our son of *Cornwal*,
   And you our no lesse louing Sonne of *Albany*,
   We haue this houre a constant will to publish
   Our daughters seuerall Dowers, that future strife
   May be preuented now. The Princes, *France* & *Burgundy*,
   Great Riuals in our yongest daughters loue,
   Long in our Court, haue made their amorous soiourne,
   And heere are to be answer'd. Tell me my daughters
   (Since now we will diuest vs both of Rule,
   Interest of Territory, Cares of State)
   Which of you shall we say doth loue vs most,

EDMUND Ich stehe Eurer Lordschaft zu Diensten.
KENT Ihr gefallt mir, und ich will Euch näher kennenlernen.
EDMUND Sir, ich bin bemüht, das zu verdienen.
GLOSTER Er war neun Jahre auswärts, und weg soll er wieder. Der König kommt.
*Fanfare. König Lear, Cornwall, Albany, Goneril, Regan,
Cordelia, Gefolge.*
LEAR Gloster, schaff die Herrn her von Burgund
Und Frankreich.
GLOSTER   Ganz wie Ihr befehlt, mein Fürst.   *Ab.*
LEAR Derweil enthüllen Wir den Plan dahinter.
Gebt mir da die Karte. Wißt, Wir haben
Unser Königreich geteilt in drei:
Und zwar weils Unser fester Vorsatz ist
Von Unserm Alter Pflichten und Geschäfte
Abzuschütteln, jüngern Kräften sie
Übertragend, indes wir entbürdet
Zum Tode krauchen. Unser Sohn von Cornwall
Und Ihr, gleich lieber Sohn von Albany
Dies ist die Stunde, da Wir willens sind
Die Mitgift einer jeden Unsrer Töchter
Bekanntzugeben, um zukünftiges
Gezänk ab heute auszuschließen. Ferner
Wandeln Uns die Könige von Frankreich
Und Burgund schon lang auf Freiersfüßen
An Unserm Hof als große Nebenbuhler
Um Unsrer jüngsten Tochter Gunst: sie
Verdienen eine Antwort. Meine Kinder
Sagt mir, (da Wir das Befehlen abtun
Zugleich mit dem Besitzen und Besorgen)
Wer von euch wirds sein, von der Wir sagen
Sie liebt Uns am meisten? Auf daß Wir

That we, our largest bountie may extend
Where Nature doth with merit challenge. *Gonerill*,
Our eldest borne, speake first.

Gon. Sir, I loue you more then word can weild ye matter,
Deerer then eye-sight, space, and libertie,
Beyond what can be valewed, rich or rare,
No lesse then life, with grace, health, beauty, honor:
As much as Childe ere lou'd, or Father found.
A loue that makes breath poore, and speech vnable,
Beyond all manner of so much I loue you.

Cor. What shall *Cordelia* speake? Loue, and be silent.
Lear. Of all these bounds euen from this Line, to this,
With shadowie Forrests, and with Champains rich'd
With plenteous Riuers, and wide-skirted Meades
We make thee Lady. To thine and *Albanies* issues
Be this perpetuall. What sayes our second Daughter?
Our deerest *Regan*, wife of *Cornwall*?

Reg. I am made of that selfe-mettle as my Sister,
And prize me at her worth. In my true heart,
I finde she names my very deede of loue:
Onely she comes too short, that I professe
My selfe an enemy to all other ioyes,
Which the most precious square of sense professes,
And finde I am alone felicitate
In your deere Highnesse loue.

Unsre höchste Großmut dort erzeigen
Wo der Natur sich ein Verdienst gesellt.
Du, Goneril, bist Unsre Erstgeborne
Sprich du als erste.
GONERIL   Sir, ich liebe Euch
Mehr als es sich in Worte fassen läßt
Mehr als mein Augenlicht, mehr als die Welt
Die mich umgibt und mehr als meine Freiheit;
Über alles Kostbare und Teure
Nicht weniger als dieses ganze Leben
In seiner Gnade, Schönheit, Kraft und Ehre;
Ich liebe, wie nur je ein Kind den Vater
Oder sich ein Vater je geliebt fand:
Mit einer Liebe, die den Atem raubt
Und die Sprache mir verschlägt, weit jenseits
Von allem ›wie‹ und ›mehr als‹ liebe ich Euch.
CORDELIA   Was soll Cordelia sagen? Lieben, schweigen.
LEAR   Wir setzen über dieses Territorium
Von hier der Linie bis zu jener dort
An Waldesschatten reich und offnem Flachland
Spiegelnden Gewässern, weiten Wiesen
Dich als die Herrin ein: dein sei das alles
Und Albanys, für immer. Was sagt Regan
Unsre zweite Tochter, Fürstin Cornwall?
REGAN   Ich bin aus gleichem Erz wie meine Schwester
Und wie sie hoch geschätzt wird, ehrt das mich.
Mein treues Herz weiß, sie hat schon benannt
Was sich von meiner Liebe sagen läßt
Bis auf eines: ich bin eine Feindin
All der andern Freuden, die das schmucke
Schatzkästchen unsrer Sinne uns verheißt
Und finde, glücklich macht mich ganz allein
Die Liebe Eurer Hoheit.

Cor. Then poore *Cordelia*,
   And yet not so, since I am sure my loue's
   More ponderous then my tongue.
Lear. To thee, and thine hereditarie euer,
   Remaine this ample third of our faire Kingdome,
   No lesse in space, validitie, and pleasure
   Then that conferr'd on *Gonerill*. Now our Ioy,
   Although our last and least; to whose yong loue,
   The Vines of France, and Milke of Burgundie,
   Striue to be interest. What can you say, to draw
   A third, more opilent then your Sisters? speake.

Cor. Nothing my Lord.
Lear. Nothing?
Cor. Nothing.
Lear. Nothing will come of nothing, speake againe.
Cor. Vnhappie that I am, I cannot heaue
   My heart into my mouth: I loue your Maiesty
   According to my bond, no more nor lesse.

Lear. How, how *Cordelia*? mend your speech a little,
   Least you may marre your Fortunes.

Cor. Good my Lord,
   You haue begot me, bred me, lou'd me.
   I returne those duties backe as are right fit,
   Obey you, Loue you, and most Honour you.
   Why haue my Sisters Husbands, if they say
   They loue you all? Happily when I shall wed,
   That Lord, whose hand must take my plight, shall carry

CORDELIA   Arme, kleine
   Cordelia! Und nicht arm, denn ich weiß
   Zu schwer wiegt meine Liebe für die Zunge.
LEAR Dir und den deinen fällt als ew'ges Erbe
   Dies starke Drittel Unsres Reiches zu
   An Größe, Wert und Herrlichkeit nicht kleiner
   Als das von Goneril. Nun, Unsre Freude
   Ob auch Unsre Jüngste und die letzte
   Ihr, um deren jugendliche Liebe
   Die Weine Frankreichs mit der Milch Burgunds
   Im Wettstreit liegen: was kannst, deinen Dritteil
   Dir zu sichern, du mir Üppigeres
   Als deine Schwestern sagen?
CORDELIA   Nichts, Mylord.
LEAR Nichts?
CORDELIA Nichts.
LEAR   Von nichts kommt nichts: versuchs noch einmal.
CORDELIA Unselig wie ich bin, vermag ichs nicht
   Mein Herz hoch in den Mund zu ziehn: ich liebe
   Eure Majestät wie ich es muß
   Nicht mehr, nicht weniger.
LEAR   Wie denn, Cordelia!
   Flick deine Rede eilig, daß dir nicht
   Dein Lebensglück durch ihre Maschen geht.
CORDELIA Teurer Vater, Ihr habt mich gezeugt
   Ihr zogt mich auf, Ihr liebtet mich: ich nun
   Erstatte meine Kindespflichten; ich
   Gehorche, liebe und verehre Euch.
   Wozu sind meinen Schwestern Männer gut
   Wo sie doch sagen, Ihr seid ihre Liebe?
   Geht es mir nach Wunsch, dann nimmt der Gatte
   Um dessen Hand ich meine Fessel lege

Halfe my loue with him, halfe my Care, and Dutie,
Sure I shall neuer marry like my Sisters,
To loue my father all.

Lear. But goes thy heart with this?
Cor. I my good Lord.
Lear. So young, and so vntender?
Cor. So young my Lord, and true.
Lear. Let it be so, thy truth then be thy dowre:
 For by the sacred radience of the Sunne,
 The miseries of *Heccat* and the night:
 By all the operation of the Orbes,
 From whom we do exist, and cease to be,
 Heere I disclaime all my Paternall care,
 Propinquity and property of blood,
 And as a stranger to my heart and me,
 Hold thee from this for euer. The barbarous Scythian,
 Or he that makes his generation messes
 To gorge his appetite, shall to my bosome
 Be as well neighbour'd, pittied, and releeu'd,
 As thou my sometime Daughter.

Kent. Good my Liege.
Lear. Peace *Kent*,
 Come not betweene the Dragon and his wrath,
 I lou'd her most, and thought to set my rest
 On her kind nursery. Hence and avoid my sight:
 So be my graue my peace, as here I giue
 Her Fathers heart from her; call *France*, who stirres?
 Call *Burgundy*, *Cornwall*, and *Albanie*,

Meine Liebe, meine Sorge, meine Pflichten
Je zur Hälfte mit sich. Ganz gewiß nicht
Tret ich gleich meinen Schwestern in die Ehe
Um einzig meinen Vater lieb zu haben.
LEAR Doch sagt dein Herz das auch?
CORDELIA   Ja, teurer Herr.
LEAR So jung und schon so lieblos?
CORDELIA So jung, Mylord, und wahrheitsliebend.
LEAR   Seis drum.
Dann nimm als deine Mitgift deine Wahrheit:
Denn, bei dem heilig hohen Glanz der Sonne
Den Kräften der Hekáte und der Nacht
Bei allen Schwingungen der Himmelssphären
Die uns den Anfang und das Ende setzen
Hier sag ich allen Vaterpflichten ab
Den Banden der Familie und des Bluts
Und eine Fremde bist du meinem Herzen
Von nun an und für immer. Der barbarisch
Rohe Skythe, der die eigne Brut frißt
Um seinen Appetit zu stillen, soll
Soviel Freundschaft, Mitgefühl und Trost
Aus meiner Brust empfangen, wie einst du
Als du mir Tochter schienst.
KENT   Mein Fürst –
LEAR   Still, Kent!
Tritt nicht dem Zorn des Lindwurms in den Weg.
Sie war mir die liebste, ich gedachte
Auf ihre treue Sorglichkeit den Lebens-
Rest zu setzen. Weg, mir aus den Augen!
So sei das Grab mein Frieden, der ich hier
Das Herz des Vaters ihr entreiße! Ruft
Mir Frankreich! Wie, kein Fuß? Ruft mir Burgund!

With my two Daughters Dowres, digest the third,
Let pride, which she cals plainnesse, marry her:
I doe inuest you ioyntly with my power,
Preheminence, and all the large effects
That troope with Maiesty. Our selfe by Monthly course,
With reseruation of an hundred Knights,
By you to be sustain'd, shall our abode
Make with you by due turne, onely we shall retaine
The name, and all th'addition to a King: the Sway,
Reuennew, Execution of the rest,
Beloued Sonnes be yours, which to confirme,
This Coronet part betweene you.

Kent. Royall *Lear,*
  Whom I haue euer honor'd as my King,
  Lou'd as my Father, as my Master follow'd,
  As my great Patron thought on in my praiers.
Le. The bow is bent & drawne, make from the shaft.
Kent. Let it fall rather, though the forke inuade
  The region of my heart, be Kent vnmannerly,
  When *Lear* is mad, what wouldest thou do old man?
  Think'st thou that dutie shall haue dread to speake,
  When power to flattery bowes?
  To plainnesse honour's bound,
  When Maiesty falls to folly, reserue thy state,
  And in thy best consideration checke
  This hideous rashnesse, answere my life, my iudgement:
  Thy yongest Daughter do's not loue thee least,
  Nor are those empty hearted, whose low sounds
  Reuerbe no hollownesse.

Cornwall und Albany, mit den zwei Teilen
Meiner Töchter füttert auch den dritten:
Laßt Stolz, sie nennt ihn Schlichtheit, sie vermählen.
Auf eure Schultern leg ich meine Macht
Den Vorrang und die hohen Wirkgewalten
Im Geleit der Majestät. Wir selbst
Mit einem Anspruch auf einhundert Ritter
Die zu euren Lasten gehn, Wir nehmen
Wohnsitz bei euch in monatlichem Wechsel.
Behalten werden Wir nurmehr den Titel
Samt den Ehrenrechten eines Königs;
Die Herrschaft, die Erträge, die Verwaltung
Sind, geliebte Söhne, euer: teilt euch
Dies zu bekräftigen, in diesen Reif.
KENT Großer Lear, den ich mein Leben lang
　Als König ehrte, als den Vater liebte,
　Dem ich als meinem Meister folgte, dessen
　Als meines Schutzherrn betend ich gedachte –
LEAR Der Bogen ist gespannt, weg aus der Pfeilbahn.
KENT Laß ihn los, und mögen alle Spitzen
　Mir dort eindringen, wo das Herz sitzt: Kent
　Wenn Lear verrückt spielt, darf rebellisch werden.
　Was willst du, alter Mann? Glaubst du, der Anstand
　Hätte Angst zu sprechen, wo die Macht sich
　Vor Schmeicheleien bückt? Wird Majestät
　Zur Närrin, dann heißt Ehre Ehrlichkeit.
　Erhalte dir den Thron und steh bedachtsam
　Von dieser groben Übereilung ab: ich wette
　Mein Leben, daß dich deine jüngste Tochter
　Nicht als letzte liebt, noch sind die herzlos
　Bei deren stillen Tönen hohler Nachhall
　Ausbleibt.

Lear. *Kent*, on thy life no more.
Kent. My life I neuer held but as pawne
  To wage against thine enemies, nere feare to loose it,
  Thy safety being motiue.
Lear. Out of my sight.
Kent. See better *Lear*, and let me still remaine
  The true blanke of thine eie.
Lear. Now by *Apollo*,
Kent. Now by *Apollo*, King
  Thou swear'st thy Gods in vaine.
Lear. O Vassall! Miscreant.
Alb. Cor. Deare Sir forbeare.
Kent. Kill thy Physition, and thy fee bestow
  Vpon the foule disease, reuoke thy guift,
  Or whil'st I can vent clamour from my throate,
  Ile tell thee thou dost euill.

Lea. Heare me recreant, on thine allegeance heare me;
  That thou hast sought to make vs breake our vowes,
  Which we durst neuer yet; and with strain'd pride,
  To come betwixt our sentences, and our power,
  Which, nor our nature, nor our place can beare;
  Our potencie made good, take thy reward.
  Fiue dayes we do allot thee for prouision,
  To shield thee from disasters of the world,
  And on the sixt to turne thy hated backe
  Vpon our kingdome; if on the tenth day following,
  Thy banisht trunke be found in our Dominions,
  The moment is thy death, away. By *Iupiter*,
  This shall not be reuok'd,

LEAR   Kent, bei deinem Leben, nichts mehr.
KENT Nie war mein Leben mehr mir als ein Pfand
   Es gegen deinen Feind zu wagen: furchtlos
   Um deiner Rettung willen.
LEAR   Geh mir aus den Augen!
KENT Nein, anders, Lear: damit du besser siehst
   Erlaube mir, die Augen dir zu öffnen.
LEAR Jetzt, bei Apoll –
KENT   Jetzt, bei Apoll, mein König
   Rufst du vergebens deine Götter an.
LEAR O Vasallenfrechheit! Hochverräter!
ALBANY UND CORNWALL Bester Sir, laßt gut sein.
KENT   Tu's nur, schlag
   Deinen Arzt tot und sein Honorar
   Zahl deiner Krankheit aus! Nimm deine Schenkung
   Zurück, sonst brüll ich Schande über dich
   Solange meine Kehle lärmen kann!
LEAR Hör mich, ketzerischer Landesfeind
   Bei deiner Lehnspflicht, hör mir zu.
   In Erwägung, daß du Uns zum Eidbruch
   Zu treiben suchst, den Wir noch nie begangen
   Und zwischen Unsern Spruch und Unsre Macht
   In stolzem Übermut dich drängst, was weder
   Unser Rang noch Unser Wesen duldet
   Nimm deinen Lohn, solang Uns Macht noch eignet:
   Fünf Tage geben Wir dir, dich zu wappnen
   Gegen alles Ungemach der Welt
   Am sechsten kehrst du Unserm Königreich
   Den verhaßten Rücken: wird am siebten
   Dein verbannter Leib in Unsern Grenzen
   Noch angetroffen, bist du tot. Hinweg!
   Bei Jupiter! Dies wird nicht widerrufen.

Kent. Fare thee well King, sith thus thou wilt appeare,
   Freedome liues hence, and banishment is here;
   The Gods to their deere shelter take thee Maid,
   That iustly think'st, and hast most rightly said:
   And your large speeches, may your deeds approue,
   That good effects may spring from words of loue:
   Thus *Kent*, O Princes, bids you all adew,
   Hee'l shape his old course, in a Country new.   *Exit.*
      Flourish. Enter Gloster with France, and Bur-
         gundy, Attendants.
Glou. Heere's *France* and *Burgundy*, my Noble Lord.
Lear. My Lord of *Burgundie*,
   We first addresse toward you, who with this King
   Hath riuald for our Daughter; what in the least
   Will you require in present Dower with her,
   Or cease your quest of Loue?
Bur. Most Royall Maiesty,
   I craue no more then hath your Highnesse offer'd,
   Nor will you tender lesse?
Lear. Right Noble *Burgundy*,
   When she was deare to vs, we did hold her so,
   But now her price is fallen: Sir, there she stands,
   If ought within that little seeming substance,
   Or all of it with our displeasure piec'd,
   And nothing more may fitly like your Grace,
   Shee's there, and she is yours.

Bur. I know no answer.
Lear. Will you with those infirmities she owes,
   Vnfriended, new adopted to our hate,
   Dow'rd with our curse, and stranger'd with our oath,
   Take her or, leaue her.

KENT König, leb wohl. Mit diesem deinem Wort
   Tauscht Heimat mit Verbannung mir den Ort.
   Mögen dich die Götter schützen, Kind
   Die du die Dinge aussprichst, wie sie sind!
   Und ihr bezeugt durch Taten euren Text
   Zeigt, daß aus Liebesschwulst auch Gutes wächst.
   Kent reicht, ihr Herrn, zum Abschied euch die Hand:
   Er braucht, sich treu zu sein, ein neues Land.   *Ab.*
   Fanfare. Gloster, Frankreich, Burgund, Gefolge.

GLOSTER Hier nahen Frankreich und Burgund, Mylord.
LEAR Fürst von Burgund, zunächst zu Euch, der Ihr
   Mit diesem König ringt um Unsre Tochter
   Was ist die kleinste Mitgift, die Ihr fordert
   Soll Euer Liebesfeldzug dauern?

BURGUND   Hoheit
   Nicht mehr, als Eure Majestät mir anbot
   Auch werdet Ihr nicht weniger gewähren.
LEAR Hochedler Burgund, als sie Uns lieb war
   War sie Uns das wert, seit neustem aber
   Ist sie im Preis gefallen. Sir, da steht sie:
   Falls etwas an der Unbedeutenden
   Oder gar das Ganze, bloß gespickt
   Mit Unserm Mißfalln und sonst nichts
   Ihro Gnaden würdig scheint, da ist sie
   Und ist Euer.
BURGUND   Ich weiß keine Antwort.
LEAR Wollt Ihr, mit all den Schäden, die sie aufweist:
   Verstoßen, drauf neu adoptiert vom Haß
   Mit Unserm Fluch als Mitgift und durch Eidschwur
   Zur Verstoßenen erklärt, wollt Ihr sie nehmen
   Oder lassen?

Bur. Pardon me Royall Sir,
   Election makes not vp in such conditions.
Le. Then leaue her sir, for by the powre that made me,
   I tell you all her wealth. For you great King,
   I would not from your loue make such a stray,
   To match you where I hate, therefore beseech you
   T'auert your liking a more worthier way,
   Then on a wretch whom Nature is asham'd
   Almost t'acknowledge hers.

Fra. This is most strange,
   That she whom euen but now, was your obiect,
   The argument of your praise, balme of your age,
   The best, the deerest, should in this trice of time
   Commit a thing so monstrous, to dismantle
   So many folds of fauour: sure her offence
   Must be of such vnnaturall degree,
   That monsters it: Or your fore-voucht affection
   Fall into taint, which to beleeue of her
   Must be a faith that reason without miracle
   Should neuer plant in me.

Cor. I yet beseech your Maiesty.
   If for I want that glib and oylie Art,
   To speake and purpose not, since what I will intend,
   Ile do't before I speake, that you make knowne
   It is no vicious blot, murther, or foulenesse,
   No vnchaste action or dishonoured step

BURGUND   Majestät, verzeiht
  Steht's so, erledigt sich die Wahl von selbst.
LEAR Dann laßt sie, Sir. Denn bei der Macht, die mich
  Erschuf, mehr hat sie nicht. Euch, großer König
  Will ich die Liebe nicht so elend lohnen
  Daß ich Euch binde, wo ich hasse: drum
  Ersuch ich Euch, verschwendet Eure Neigung
  An einen passenderen Gegenstand
  Als diesen Fetzen, dessen selbst Natur
  Sich schämt.
FRANKREICH   Das ist doch kurios, daß sie
  Die Euch soeben noch das Höchste war
  Von Euch gepriesen, Balsam Eures Alters
  Eure Beste, Liebste, daß sie Knall
  Auf Fall ein Ding verbrochen haben sollte
  Monströs genug, um ihr den Mantel mit
  So vielen Gnadenfalten abzureißen!
  Entweder ihre Übertretung ist
  Von einem solchen Grad an Unnatur
  Daß er sie zum Monster umschafft, oder
  Eure Zuneigung von ehegestern
  Hat einen Schwächeanfall, was zu glauben
  Vernunft mich ohne Zauberkünste niemals
  Überreden wird.
CORDELIA   Darf ich (wenn's das ist
  Daß ich der geölten Kunst ermangle
  Zu sagen, was ich nicht zu tun gewillt bin
  Stattdessen, wozu es mich drängt, erst tue
  Und dann sage), darf ich Eure Hoheit
  Gleichwohl ersuchen, hier bekannt zu geben:
  Es ist kein Anschlag, kein Verrat, kein Mord
  Nicht Unzucht oder andre Ehrenverletzung

> That hath depriu'd me of your Grace and fauour,
> But euen for want of that, for which I am richer,
> A still soliciting eye, and such a tongue,
> That I am glad I haue not, though not to haue it,
> Hath lost me in your liking.

Lear. Better thou had'st
> Not beene borne, then not t haue pleas'd me better.

Fra. Is it but this? A tardinesse in nature,
> Which often leaues the history vnspoke
> That it intends to do: my Lord of *Burgundy*,
> What say you to the Lady? Loue's not loue
> When it is mingled with regards, that stands
> Aloofe from th'intire point, will you haue her?
> She is herselfe a Dowrie.

Bur. Royall King,
> Giue but that portion which your selfe propos'd,
> And here I take *Cordelia* by the hand,
> Dutchesse of *Burgundie*.

Lear. Nothing, I haue sworne, I am firme.

Bur. I am sorry then you haue so lost a Father,
> That you must loose a husband.

Cor. Peace be with *Burgundie*,
> Since that respect and Fortunes are his loue,
> I shall not be his wife.

Fra. Fairest *Cordelia*, that art most rich being poore,
> Most choise forsaken, and most lou'd despis'd,
> Thee and thy vertues here I seize vpon,
> Be it lawfull I take vp what's cast away.
> Gods, Gods! 'Tis strange, that from their cold'st neglect
> My Loue should kindle to enflam'd respect.

Was mich Eurer Huld beraubt und Gunst
Sondern nur ein Mangel, der mich reich macht
An Augen starr vor Gier und einer Zunge
Die nicht zu haben mich erfreut, obschon
Daß sie mir fehlt, mich Euren Beistand kostet.
LEAR Kannst du mir besser nicht gefallen, wärst du
Besser nicht geboren.
FRANKREICH   Ist's nur das?
Der scheue Zug, nicht lauthals auszusprechen
Was uns bewegt? Herr von Burgund, was sagt Ihr
Zu der Lady? Liebe ist nicht Liebe
Mischt sie sich mit Skrupeln, welche nicht
Zum Kern der Sache zählen. Wollt Ihr sie?
Sie selbst ist ihre Mitgift.
BURGUND   Großer König
Gewährt den Anteil, den Ihr selbst benannt habt
Und gleich nehm ich Cordelia bei der Hand
Als Herzogin Burgunds.
LEAR   Nichts da. Ich schwur's.
BURGUND Dann, so leid mirs tut, zieht der Verlust
Des Vaters den des Gatten nach sich.
CORDELIA   Frieden
Sei Burgund! Was seine Liebe wünscht
Ich kann es ihm nicht bieten.
FRANKREICH   Teuerste
Cordelia, schwerreich in deiner Armut
Verstoßen erste Wahl und liebenswürdig
Weil verachtet, dich und deine Stärke
Nehme ich hier an. Es kann ein Unrecht
Nicht sein, Verworfnes aufzuheben. Götter
Götter! Wie dies kälteste Verdammen
In meiner Brust aufglüht zu Liebesflammen.

Thy dowrelesse Daughter King, throwne to my chance,
   Is Queene of vs, of ours, and our faire *France*:
   Not all the Dukes of watrish *Burgundy*,
   Can buy this vnpriz'd precious Maid of me.
   Bid them farewell *Cordelia*, though vnkinde,
   Thou loosest here a better where to finde.
Lear. Thou hast her *France*, let her be thine, for we
   Haue no such Daughter, nor shall euer see
   That face of hers againe, therfore be gone,
   Without our Grace, our Loue, our Benizon:
   Come Noble *Burgundie*. *Flourish. Exeunt.*

Fra. Bid farwell to your Sisters.
Cor. The Iewels of our Father, with wash'd eies
   Cordelia leaues you, I know you what you are,
   And like a Sister am most loth to call
   Your faults as they are named. Loue well our Father:
   To your professed bosomes I commit him,
   But yet alas, stood I within his Grace,
   I would prefer him to a better place,
   So farewell to you both.

Regn. Prescribe not vs our dutie.
Gon. Let your study
   Be to content your Lord, who hath receiu'd you
   At Fortunes almes, you haue obedience scanted,
   And well are worth the want that you haue wanted.
Cor. Time shall vnfold what plighted cunning hides,
   Who couers faults, at last with shame derides:
   Well may you prosper.
Fra. Come my faire *Cordelia*. *Exit France and Cor.*

Du wirfst die Tochter mitgiftlos mir hin
Als meine, Unsre, Frankreichs Königin
Und alle Herrn des wässrigen Burgund
Bezahlen mir nicht dieses Mädchens Fund.
Sag dem Haß Lebwohl, Cordelia
Das Hier verlierst du für ein bessres Da.
LEAR Du hast sie, Frankreich, nimm sie, denn wir kennen
Keine Tochter dieser Art, noch sehen
Wir ihr Gesicht je wieder. Darum fort
Kein Gruß von Uns, kein Kuß, kein Segenswort.
Kommt, Burgund.
Fanfare. Lear, Burgund ab.
FRANKREICH   Nimm Abschied von den Schwestern.
CORDELIA Ihr Perlen unsres Vaters, mit gewaschnen
Augen läßt Cordelia euch: ich sehe
Was ihr seid, nur als die jüngste Schwester
Bin ich zu schüchtern, eure faulen Stellen
Laut zu nennen. Liebt nur unsern Vater
Ich leg ihn euch an die Paradeherzen
Doch stünde ich noch, o, in seiner Gnade
Er wäre mir für solchen Platz zu schade.
Lebt wohl, ihr zwei.
REGAN   Erzähl uns nichts von Pflichten.
GONERIL Du streng dich an, dem Gatten Trost zu spenden
Dem Fortuna bettelarm dich beilegt;
Zeigt er sich da, dir gleich, als pflichtvergessen:
Entbehrst du schnell, was du niemals besessen.
CORDELIA Die Zeit sieht in geheimste Lügenfalten:
Wer Übles heckt, kann's nicht für sich behalten.
Macht es gut!
FRANKREICH Komm nur, Cordelia, Liebe.
Frankreich, Cordelia ab.

Gon. Sister, it is not little I haue to say,
   Of what most neerely appertaines to vs both,
   I thinke our Father will hence to night.
Reg. That's most certaine, and with you: next moneth with vs.

Gon. You see how full of changes his age is, the ob-
   seruation we haue made of it hath beene little; he alwaies
   lou'd our Sister most, and with what poore iudgement he
   hath now cast her off, appeares too grossely.

Reg. 'Tis the infirmity of his age, yet he hath euer but
   slenderly knowne himselfe.
Gon. The best and soundest of his time hath bin but
   rash, then must we looke from his age, to receiue not a-
   lone the imperfections of long ingraffed condition, but
   therewithall the vnruly way-wardnesse, that infirme and
   cholericke yeares bring with them.

Reg. Such vnconstant starts are we like to haue from
   him, as this of Kents banishment.
Gon. There is further complement of leaue-taking be-
   tweene *France* and him, pray you let vs sit together, if our
   Father carry authority with such disposition as he beares,
   this last surrender of his will but offend vs.
Reg. We shall further thinke of it.
Gon. We must do something, and i'th'heate.   *Exeunt.*

GONERIL Schwester, es ist nicht eben wenig, was ich im Hinblick auf das, was auf uns beide zukommt, zu sagen habe. Ich nehme an, unser Vater zieht heute Nacht los.
REGAN Ganz sicher, und zwar zu dir. Im nächsten Monat zu uns.
GONERIL Du siehst, wie unberechenbar ihn sein Alter macht. Die Beweise, die wir dafür schon gesammelt haben, sind zahlreich, aber der Grad an Verblödung, mit dem er unsere Schwester, die stets sein Liebling war, von sich stößt, übertrifft alles.
REGAN Eindeutig Altersschwachsinn. Aber er selbst war ja noch nie sein Thema.
GONERIL Selbst zu seinen größten und kraftvollsten Zeiten handelte er nicht anders als impulsiv. Jetzt, in seinem hohen Alter, müssen wir uns nicht nur auf die Unsitten eingeschliffener Gewohnheiten gefaßt machen, sondern obendrein auf den unbelehrbaren Starrsinn, den Demenz und Altersbosheit mit sich bringen.
REGAN Kents Verbannung war ein gutes Beispiel für die jähen Aufwallungen, die wir von ihm zu erwarten haben.
GONERIL Die Sache ist mit Frankreichs Abreise noch längst nicht ausgestanden. Wir müssen zusammenhalten: wenn unser Vater in dieser Verfassung fortfährt, den Oberherrn zu spielen, wird seine Abdankung für uns zur Falle.
REGAN Wir müssen uns etwas einfallen lassen.
GONERIL Wir müssen handeln, und zwar solange das Eisen heiß ist. *Beide ab.*

Scena Secunda.

Enter Bastard.

Bast. Thou Nature art my Goddesse, to thy Law
 My seruices are bound, wherefore should I
 Stand in the plague of custome, and permit
 The curiosity of Nations, to depriue me?
 For that I am some twelue, or fourteene Moonshines
 Lag of a Brother? Why Bastard? Wherefore base?
 When my Dimensions are as well compact,
 My minde as generous, and my shape as true
 As honest Madams issue? Why brand they vs
 With Base? With basenes Barstadie? Base, Base?
 Who in the lustie stealth of Nature, take
 More composition, and fierce qualitie,
 Then doth within a dull stale tyred bed
 Goe to th'creating a whole tribe of Fops
 Got 'tweene a sleepe, and wake? Well then,
 Legitimate *Edgar*, I must haue your land,
 Our Fathers loue, is to the Bastard *Edmond*,
 As to th'legitimate: fine word: Legitimate.
 Well, my Legittimate, if this Letter speed,
 And my inuention thriue, *Edmond* the base
 Shall to'th'Legitimate: I grow, I prosper:
 Now Gods, stand vp for Bastards.

Enter Gloucester.

Glo. Kent banish'd thus? and France in choller parted?
 And the King gone to night? Prescrib'd his powre,
 Confin'd to exhibition? All this done

I, 2

Edmund.

EDMUND Du, Natur, bist meine Göttin, dein
  Gesetz herrscht über mich. Was soll ich
  Mir die Pest der Übereinkunft zuziehn
  Und der nickeligen Welt gestatten
  Mich zu enteignen, weil ich ganze zwölf
  Bis vierzehn Monde nach dem Bruder kam?
  Und wieso Bastard? Wieso unwert? Bin ich
  Nicht gleich gut gebaut, gleich hell im Kopf
  Und gleich geschickt wie Madams Ehewurf?
  Warum brandmarkt man unsereins als unwert?
  Als unwerten Bankert? Unwert, unwert!
  Sind wir, als der Natur lustvolles Raubgut
  Nicht reichlicher bedacht und feuriger
  Geprägt als diese Herde von Idioten
  Gezeugt im klammen, schlaffen, öden Bett
  So zwischen Schlaf und Wachen? Also
  Legitimer Edgar, rück dein Land raus.
  Unser Vater liebt den Bastard Edmund
  Wie dich Legitimen. Legitim
  Ein schönes Wort! Nun denn, mein Legitimling
  Wirkt dieser Schrieb und klappt mein Plan, holt Edmund
  Der Habenichts, dich Legitimen ein:
  Ich wachse, ich gedeihe. Auf jetzt, Götter
  Erhebt euch für die Bastarde der Welt!
      Gloster.
GLOSTER Kent so verbannen? Und Frankreich beleidigt
  ziehen zu lassen? Und als König bei Dunkelheit aufbre-
  chen? Seine Macht weggeben? Auf Wohltaten angewie-

Vpon the gad? *Edmond*, how now? What newes?

Bast. So please your Lordship, none.
Glou. Why so earnestly seeke you to put vp yt Letter?
Bast. I know no newes, my Lord.
Glou. What Paper were you reading?
Bast. Nothing my Lord.
Glou. No? what needed then that terrible dispatch of
it into your Pocket ? The quality of nothing, hath not
such neede to hide it selfe. Let's see: come, if it bee no-
thing, I shall not neede Spectacles.
Bast. I beseech you Sir, pardon mee; it is a Letter
from my Brother, that I haue not all ore-read; and for so
much as I haue perus'd, I finde it not fit for your ore-loo-
king.
Glou. Giue me the Letter, Sir.
Bast. I shall offend, either to detaine, or giue it:
The Contents, as in part I vnderstand them,
Are too blame.
Glou. Let's see, let's see.
Bast. I hope for my Brothers iustification, hee wrote
this but as an essay, or taste of my Vertue.

*Glou. reads. This policie, and reuerence of Age, makes the world
bitter to the best of our times: keepes our Fortunes from vs, till
our oldnesse cannot rellish them. I begin to finde an idle and
fond bondage, in the oppression of aged tyranny, who swayes
not as it hath power, but as it is suffer'd. Come to me, that of
this I may speake more. If our Father would sleepe till I wak'd
him, you should enioy halfe his Reuennew for euer, and liue the
beloued of your Brother.* Edgar.

sen sein? Alles das wie angestochen? Sieh da, Edmund! Was gibt's Neues?

EDMUND Wenn Eure Lordschaft gestatten, nichts.

GLOSTER Was faltest du so emsig den Brief da zusammen?

EDMUND Ich weiß nichts Neues, Mylord.

GLOSTER Was lasest du da für ein Schriftstück?

EDMUND Nichts, Mylord.

GLOSTER Nichts? Was mußte dann so furchtbar eilig in deiner Tasche verschwinden? Ein echtes Nichts hat es nicht nötig, sich zu verstecken. Laß sehen; komm schon, wenn's nichts ist, erspare ich mir die Brille.

EDMUND Ich bitte Sie, Sir, vergeben Sie mir; es ist ein Brief meines Bruders, den ich noch nicht zu Ende lesen konnte; und so weit, wie ich gekommen bin, finde ich, ist er nichts für Ihre Augen.

GLOSTER Gib mir den Brief, Sir.

EDMUND Ich errege Ärgernis, ob ich ihn zurückhalte oder aushändige. Der Gehalt, sofern ich ihn überhaupt erfasse, ist schändlich.

GLOSTER Laß sehen, laß sehen.

EDMUND Zur Entlastung meines Bruders will ich doch hoffen, er schrieb das bloß als Test oder Probe meiner Tugend.

GLOSTER *liest Diese Ehrerbietung und der Respekt vor dem Alter versauern uns die Welt in unseren besten Jahren, enthalten uns unsere Reichtümer vor, bis wir zu gebrechlich sind, sie zu genießen. Ich beginne, die Tyrannei der Greise als eine unnütze und närrische Knechtschaft zu empfinden, die nicht herrscht, weil sie die Kraft dazu hat, sondern weil sie geduldet wird. Such mich auf, damit ich dir Weiteres davon sagen kann. Würde unser Vater schlafen, bis ich ihn weckte, du könntest dich für immer der Hälfte seines Vermögens erfreuen als der Liebling deines Bruders* Edgar.

Hum? Conspiracy? Sleepe till I wake him, you should
enioy halfe his Reuennew: my Sonne *Edgar*, had hee a
hand to write this? A heart and braine to breede it in?
When came you to this? Who brought it?

Bast. It was not brought mee, my Lord; there's the
cunning of it. I found it throwne in at the Casement of
my Closset.

Glou. You know the character to be your Brothers?

Bast. If the matter were good my Lord, I durst swear
it were his: but in respect of that, I would faine thinke it
were not.

Glou. It is his.

Bast. It is his hand, my Lord: but I hope his heart is
not in the Contents.

Glo. Has he neuer before sounded you in this busines?

Bast. Neuer my Lord. But I haue heard him oft maintaine it to be fit, that Sonnes at perfect age, and Fathers
declin'd, the Father should bee as Ward to the Son, and
the Sonne manage his Reuennew.

Glou. O Villain, villain: his very opinion in the Letter. Abhorred Villaine, vnnaturall, detested, brutish
Villaine; worse then brutish: Go sirrah, seeke him: Ile
apprehend him. Abhominable Villaine, where is he?

Bast. I do not well know my L. If it shall please you to
suspend your indignation against my Brother, til you can
deriue from him better testimony of his intent, you shold
run a certaine course: where, if you violently proceed a-
gainst him, mistaking his purpose, it would make a great

Hm! Eine Verschwörung? ...schlafen, bis ich ihn weckte... der Hälfte seines Vermögens erfreuen... ! Mein Sohn Edgar! Hat er die Hand, das hinzuschreiben? Ein Herz und ein Hirn, das auszubrüten? Wo hast du das her? Wer überbrachte das?

EDMUND Es wurde mir nicht überbracht, Mylord; das ist ja der Witz; es wurde mir in mein Zimmer geworfen, durchs Fenster.

GLOSTER Erkennst du die Handschrift deines Bruders?

EDMUND Wäre das Ansinnen anständig, Mylord, ich würde schwören, es ist die seine; aber mit Rücksicht auf das hier ziehe ich es vor, zu glauben, sie wäre es nicht.

GLOSTER Es ist die seine.

EDMUND Es ist seine Hand, Mylord; aber ich hoffe, sein Herz ist nicht bei der Sache.

GLOSTER Hat er dich nie zuvor auf dieses Vorhaben angesprochen?

EDMUND Nie, Mylord; aber ich habe ihn des Öfteren behaupten hören, daß, wenn Söhne im perfekten Alter sind und ihre Väter hinfällig, von Rechts wegen der Vater unter die Vormundschaft des Sohns gestellt werden müsse und der Sohn sein Vermögen verwalten solle.

GLOSTER O, der Lump, der Schurke! Genau wie in seinem Brief! Entsetzlicher Schurke, widernatürliches Scheusal von einem Schurken; schlimmer als ein Tier: geh, Söhnchen, finde ihn; ich laß ihn festsetzen. Abscheulicher Schuft! Wo steckt er?

EDMUND Ich weiß nicht genau, Mylord. Wenn es Ihnen gefällig wäre, mit Ihrer Entrüstung gegen meinen Bruder hintanzuhalten, bis Sie von ihm deutlicheres Bekunden seiner Intention erfahren können, so wären Sie auf der sicheren Seite; wohingegen Sie jetzt, gingen Sie, seine

gap in your owne Honor, and shake in peeces, the heart of
his obedience. I dare pawne downe my life for him, that
he hath writ this to feele my affection to your Honor, &
to no other pretence of danger.

Glou. Thinke you so?
Bast. If your Honor iudge it meete, I will place you
where you shall heare vs conferre of this, and by an Auri-
cular assurance haue your satisfaction, and that without
any further delay, then this very Euening.

Glou. He cannot bee such a Monster. *Edmond* seeke
him out: winde me into him, I pray you: frame the Businesse after your owne wisedome. I would vnstate my
selfe, to be in a due resolution.
Bast. I will seeke him Sir, presently: conuey the businesse as I shall find meanes, and acquaint you withall.

Glou. These late Eclipses in the Sun and Moone portend no good to vs: though the wisedome of Nature can
reason it thus, and thus, yet Nature finds it selfe scourg'd
by the sequent effects. Loue cooles, friendship falls off,
Brothers diuide. In Cities, mutinies; in Countries, dis-
cord; in Pallaces, Treason; and the Bond crack'd, 'twixt
Sonne and Father. This villaine of mine comes vnder the
prediction; there's Son against Father, the King fals from
byas of Nature, there's Father against Childe. We haue
seene the best of our time. Machinations, hollownesse,
treacherie, and all ruinous disorders follow vs disquietly
to our Graues. Find out this Villain, *Edmond*, it shall lose

Zwecke mißdeutend, gewaltsam gegen ihn vor, ein großes Loch in Ihre eigene Ehre rissen und das Herz seines kindlichen Gehorsams in Stücke brächen. Ich bin so kühn, mein Leben dafür zu verpfänden, daß er dies schrieb, um meine Zuneigung zu Ihro Gnaden zu prüfen und nicht in irgendeiner verderblichen Absicht.

GLOSTER Das glaubst du?

EDMUND Sollten Ihro Gnaden es für angezeigt halten, postiere ich Sie, wo Sie uns darüber konferieren hören werden, und zwar zu Ihrer zufriedenstellenden Ohrenzeugenschaft, und das ohne weiteren Aufschub als bis zum heutigen Abend.

GLOSTER Er kann solch ein Monster nicht sein. Edmund, mach ihn ausfindig, laß mich sein Inneres sehen, ich bitte dich: betreibe dieses Geschäft nach deinem eigenen Gutdünken. Ich trete völlig ab, wenn ich nur Klarheit gewinne.

EDMUND Ich suche ihn auf der Stelle, Sir, führe dieses Geschäft mit den mir geeignet scheinenden Mitteln aus und gebe Ihnen Nachricht.

GLOSTER Diese jüngsten Verfinsterungen der Sonne und des Mondes verheißen uns nichts Gutes: obzwar Naturgelehrtheit sie so oder so begründen kann, fühlt die Natur selbst die Effekte wie Peitschenhiebe. Liebe erkaltet, Freundschaft zerfällt, Brüder entzweien sich. In den Städten Aufruhr; in den Ländern Zwietracht; in den Palästen Verrat; und zerrissen das Band zwischen Sohn und Vater. Hier, mein Schurke tritt an unter der Vorhersage: es wird der Sohn aufbegehren gegen den Vater, der König abirren vom Gang der Natur, da stellt sich Vater gegen Tochter. Wir haben das Beste unserer Epoche hinter uns: Verschwörungen, Hohlheit, Betrug und alle verheerenden Wirren verfolgen uns ruhelos bis in unsere Gräber. Stelle diesen Schurken, Ed-

thee nothing, do it carefully: and the Noble & true-har-
ted Kent banish'd; his offence, honesty. 'Tis strange.   *Exit*

Bast. This is the excellent foppery of the world, that
when we are sicke in fortune, often the surfets of our own
behauiour, we make guilty of our disasters, the Sun, the
Moone, and Starres, as if we were villaines on necessitie,
Fooles by heauenly compulsion, Knaues, Theeues, and
Treachers by Sphericall predominance. Drunkards, Ly-
ars, and Adulterers by an inforc'd obedience of Planatary
influence; and all that we are euill in, by a diuine thru-
sting on. An admirable euasion of Whore-master-man,
to lay his Goatish disposition on the charge of a Starre,
My father compounded with my mother vnder the Dragons taile, and my Natiuity was vnder *Vrsa Maior*, so
that it followes, I am rough and Leacherous. I should
haue bin that I am, had the maidenlest Starre in the Fir-
mament twinkled on my bastardizing.

Enter Edgar.

Pat: he comes like the Catastrophe of the old Comedie:
my Cue is villanous Melancholly, with a sighe like *Tom*
o'Bedlam. —— O these Eclipses do portend these diuisions. Fa, Sol, La, Me.

Edg. How now Brother *Edmond*, what serious con-
templation are you in?

Bast. I am thinking Brother of a prediction I read this
other day, what should follow these Eclipses.

Edg. Do you busie your selfe with that?

Bast. I promise you, the effects he writes of, succeede
Vnhappily,

mund; es soll dein Schade nicht sein: machs behutsam. Und der edle und hochherzige Kent verbannt! Sein Vergehen: Redlichkeit! 's ist seltsam. *Ab.*

EDMUND Das ist die beliebteste Ausrede der Welt, daß wir, wenn das Schicksal uns krank macht – nur zu oft durch eigenes Übertreiben –, die Schuld an unserem Unglück der Sonne, dem Mond und den Sternen geben; als wären wir Gauner per höherem Gesetz, Dummköpfe aus himmlischem Zwang, Schelme, Diebe und Verräter infolge sphärischer Oberherrschaft, Säufer, Lügner und Ehebrecher durch ohnmächtigen Gehorsam gegenüber den planetarischen Einflüssen, und all das Böse in uns verdanke sich einem göttlichen Anschub. Eine bewundernswürdige Ausflucht des Hurentreibers Mensch, seine bocksgeile Webart einem Stern zur Last zu legen! Mein Vater mischte sich mit meiner Mutter unter dem Schwanz des Drachen, und mein Wurf fand unter dem Großen Bären statt, folglich bin ich brutal und lüstern. Quark! Ich wäre geworden der ich bin, hätte auch der keuscheste Stern am Himmelszelt heruntergeblinzt auf meine Bastardwerdung.
  Edgar.
Zack! Da kommt er um die Ecke, wie die Katastrophe im antiken Theater. Meine Spielaufgabe lautet verschlagene Melancholik mit einem Schuß Irrenhaus. O, diese Finsternisse, sie künden solche Risse! Fa, sol, la, mi.

EDGAR Na, Bruder Edmund? In welch tiefen Grübeleien steckst du?

EDMUND Ich denke, Bruderherz, an eine Prophezeiung, die ich vor kurzem las, was auf diese Finsternisse folgen wird.

EDGAR Du gibst dich mit solchen Dingen ab?

EDMUND Ich sage dir, die Wirkungen, von denen der Prophet schreibt, treffen unfehlbar ein.

When saw you my Father last ?
Edg. The night gone by.
Bast. Spake you with him?
Edg. I, two houres together.
Bast. Parted you in good termes? Found you no displeasure in him, by word, nor countenance?
Edg. None at all,
Bast. Bethink your selfe wherein you may haue offended him: and at my entreaty forbeare his presence, vntill some little time hath qualified the heat of his displeasure, which at this instant so rageth in him, that with the mischiefe of your person, it would scarsely alay.
Edg. Some Villaine hath done me wrong.
Edm. That's my feare, I pray you haue a continent forbearance till the speed of his rage goes slower: and as I say, retire with me to my lodging, from whence I will fitly bring you to heare my Lord speake: pray ye goe, there's my key: if you do stirre abroad, goe arm'd.

Edg. Arm'd, Brother?
Edm. Brother, I aduise you to the best, I am no honest man, if ther be any good meaning toward you: I haue told you what I haue seene, and heard: But faintly. Nothing like the image, and horror of it, pray you away.

Edg. Shall I heare from you anon? *Exit.*
Edm. I do serue you in this businesse:
   A Credulous Father, and a Brother Noble,
   Whose nature is so farre from doing harmes,
   That he suspects none: on whose foolish honestie
   My practises ride easie: I see the businesse.

Wann hast du unseren Vater zuletzt gesehen?

EDGAR Gestern Abend.

EDMUND Hast du mit ihm gesprochen?

EDGAR Zwei volle Stunden.

EDMUND Habt ihr euch im Guten getrennt? Er schien dir nicht verstimmt in Worten und Benehmung?

EDGAR Kein bißchen.

EDMUND Denk nach, womit du ihn gekränkt haben könntest; und ich rate dir dringend, ihm aus dem Weg zu gehen, bis ein wenig Zeit die Hitze seiner Wut abgekühlt hat, die momentan derart in ihm tobt, daß sie, kommst du nun auch noch in Person an, sich schwerlich legen dürfte.

EDGAR Irgendein Halunke hat mich verleumdet.

EDMUND Das fürchte ich. Bitte, halte dich unbedingt zurück, bis seine Raserei sich legt, und ich schlage vor, daß du mit mir in mein Zimmer gehst, wo ich es so einrichten will, daß du Mylord reden hören sollst. Bitte geh vor; hier ist mein Schlüssel. Wenn du den Hof überquerst, geh bewaffnet.

EDGAR Bewaffnet, Bruder?

EDMUND Bruderherz, nichts als ein gutgemeinter Rat; ich will kein ehrlicher Mann sein, wenn da irgendein Wohlwollen dir gegenüber herrscht. Ich habe dir gesagt, was ich sehe und höre; aber nur andeutungsweise, nicht in voller Drastik und mit allen Entsetzlichkeiten. Jetzt geh, bitte.

EDGAR Läßt du bald von dir hören?

EDMUND Ich stehe dir zur Seite in der Sache. *Edgar ab.*
Ein gutgläubiger Vater, und ein Bruder
Dem Übeltun so fern liegt, daß er keines
Argwöhnt; seine blöde Biederkeit
Ist meinen Praktiken ein guter Gaul.

Let me, if not by birth, haue lands by wit,
All with me's meete, that I can fashion fit. *Exit.*

Scena Tertia.

Enter Gonerill, and Steward.

Gon. Did my Father strike my Gentleman for chi-
ding of his Foole?
Ste. I Madam.
Gon. By day and night, he wrongs me, euery howre
He flashes into one grosse crime, or other,
That sets vs all at ods: Ile not endure it;
His Knights grow riotous, and himselfe vpbraides vs
On euery trifle. When he returnes from hunting,
I will not speake with him, say I am sicke,
If you come slacke of former seruices,
You shall do well, the fault of it Ile answer.

Ste. He's comming Madam, I heare him.
Gon. Put on what weary negligence you please,
You and your Fellowes: I'de haue it come to question;
If he distaste it, let him to my Sister,

Whose mind and mine I know in that are one,
Remember what I haue said.
Ste. Well Madam.
Gon. And let his Knights haue colder lookes among
you: what growes of it no matter, aduise your fellowes
so, Ile write straight to my Sister to hold my course; prepare for dinner. *Exeunt.*

Ich sehe schon: ich komm zu Landbesitz
Nicht durch Geburt, nur bloßen Bastardwitz. *Ab.*

I, 3

Goneril, Oswald

GONERIL Mein Vater hat meinen Hofherrn geschlagen?
  Weil der seinen Narren zurechtwies?
OSWALD Ja, Madam.
GONERIL Bei Tag und Nacht verletzt er mich, 's vergeht
  Keine Stunde, in der er nicht ausbricht
  In diesen oder jenen groben Anwurf
  Der uns alle aufregt. Ich ertrag's nicht.
  Seine Ritter werden frech, er selbst
  Beschimpft uns wegen jeder Kleinigkeit;
  Kehrt er von der Jagd zurück, will ich
  Ihn nicht sprechen; sagt ihm, ich sei krank:
  Werdet ihr in eurem Dienst bequemer
  So tut ihr gut daran; ich nehm's auf mich.
OSWALD Er naht, Madam; ich höre ihn.
GONERIL Du und deine Leute, daß ihr ja
  Den größten Schlendrian mir an den Tag legt:
  Es ist mein Wunsch, daß daraus Streit entsteht.
  Ist er verärgert, laßt ihn weg zur Schwester
  Die mit mir, weiß ich, einer Meinung ist.
  Haltet euch daran.
OSWALD   Madam, sehr wohl.
GONERIL Und seinen Rittern gebt ihr kältre Blicke;
  Was daraus folgt, ist einerlei. Sags deinen Leuten.
  Der Schwester schreib ich, meinem Kurs zu folgen.
  Bereite dich aufs Abendessen! *Beide ab.*

Scena Quarta.

Enter Kent.

Kent. If but as will I other accents borrow,
   That can my speech defuse, my good intent
   May carry through it selfe to that full issue
   For which I raiz'd my likenesse. Now banish Kent,
   If thou canst serue where thou dost stand condemn'd,
   So may it come, thy Master whom thou lou'st,
   Shall find thee full of labours.

   Hornes within. Enter Lear and Attendants.
Lear. Let me not stay a iot for dinner, go get it ready: how now, what art thou?
Kent. A man Sir.
Lear. What dost thou professe? What would'st thou with vs?
Kent. I do professe to be no lesse then I seeme; to serue him truely that will put me in trust, to loue him that is honest, to conuerse with him that is wise and saies little, to feare iudgement, to fight when I cannot choose, and to eate no fish.

Lear. What art thou?
Kent. A very honest hearted Fellow, and as poore as the King.
Lear. If thou be'st as poore for a subiect, as hee's for a King, thou art poore enough. What wouldst thou?
Kent. Seruice.
Lear. Who wouldst thou serue?
Kent. You.

I, 4

Kent.

KENT Glückt es mir nun auch noch, meine Stimme
So zu verstellen, daß er mich nicht raushört
Dann mag's wohl sein, daß meine gute Absicht
An ihr Ziel gelangt, um dessentwillen
Ich mir selbst so wenig ähnlich bin.
Nun, Kent, Verbannter, wenn du dienen kannst
Wo du verurteilt dastehst, kann es auch sein
Daß dein verehrter Herr dich nützlich findet.
Hörner hinter der Bühne. Lear und Gefolge treten auf.
LEAR Laßt mich nicht auf mein Dinner warten; deckt die Tafel; Hoppla! Was für einer bist denn du?
KENT Ein Mensch, Sir.
LEAR Was tust du hier? Was willst du von Uns?

KENT Ich tue hier, als wäre ich weniger als ich bin; und ich will dem aufrichtig dienen, der Vertrauen zu mir hat; will den verehren, der es wert ist; mit dem plaudern, der Verstand hat und schweigt. Will die Gerichtsbarkeit fürchten; kämpfen, wo mir keine Wahl bleibt; und keinen Fisch essen.
LEAR Wer bist du?
KENT Ein grundehrlicher Kerl und so arm wie der König.

LEAR Wärst du als Untertan so arm wie er als König, wärst du arm genug. Und du willst?
KENT Dienern.
LEAR Wem willst du dienern?
KENT Dir.

Lear. Do'st thou know me fellow?
Kent. No Sir, but you haue that in your countenance, which I would faine call Master.
Lear. What's that?
Kent. Authority.
Lear. What seruices canst thou do?
Kent. I can keepe honest counsaile, ride, run, marre a curious tale in telling it, and deliuer a plaine message bluntly: that which ordinary men are fit for, I am quallified in, and the best of me, is Dilligence.

Lear. How old art thou?
Kent. Not so young Sir to loue a woman for singing, nor so old to dote on her for any thing. I haue yeares on my backe forty eight.

Lear. Follow me, thou shalt serue me, if I like thee no worse after dinner, I will not part from thee yet. Dinner ho, dinner, where's my knaue? my Foole? Go you and call my Foole hither. You you Sirrah, where's my Daughter?

Enter Steward.

Ste. So please you—— *Exit.*
Lear. What saies the Fellow there? Call the Clotpole backe: wher's my Foole? Ho, I thinke the world's asleepe, how now? Where's that Mungrell?
Knigh. He saies my Lord, your Daughters is not well.
Lear. Why came not the slaue backe to me when I call'd him?
Knigh. Sir, he answered me in the roundest manner, he would not.

LEAR Kennst du mich denn, mein Freund?

KENT Das nicht, Sir; aber Ihr habt etwas an Euch, was Euch in meinen Augen zum Herrn macht.

LEAR Was wäre das?

KENT Führungsstärke.

LEAR Auf welche Dienereien verstehst du dich?

KENT Ich kann gute Ratschläge beherzigen, Reiten, Weglaufen, eine tolle Geschichte lahm erzählen, eine einfache Botschaft im Großen und Ganzen überbringen: zu allem, wozu gewöhnliche Menschen in der Lage sind, bin ich befähigt; und das Beste dabei ist meine Ausdauer.

LEAR Wie alt bist du?

KENT Nicht jung genug, Sir, um eine Frau ihrer Flötentöne wegen zu lieben, noch alt genug, um ihr wegen was auch immer nachzusteigen; Jahre auf dem Buckel habe ich achtundvierzig.

LEAR Folge mir, du sollst mir dienern; wenn ich dich nach dem Dinner genauso gut leiden kann, bleiben wir noch ein Weilchen beieinander. Das Dinner! Heda! Das Dinner! Wo ist mein Mann? Wo ist mein Narr? Geh und hol mir meinen Narren. Du, du da, Sportsfreund, wo ist meine Tochter?

Oswald.

OSWALD Wenn es Euch beliebt – *Ab.*

LEAR Was sagt der Kerl da? Ruft den Schafskopf zurück! Wo ist mein Narr? Hallo! Mir scheint, die Welt schläft. Und? Wo steckt der Köter?

RITTER Er sagt, Mylord, Eurer Tochter sei übel.

LEAR Warum kehrte der Stenz nicht um zu mir, als ich ihn rief?

RITTER Sir, er sagte mir äußerst rund heraus, er dächte nicht daran.

Lear. He would not?

Knight. My Lord, I know not what the matter is,
but to my iudgement your Highnesse is not entertain'd
with that Ceremonious affection as you were wont,
theres a great abatement of kindnesse appeares as well in
the generall dependants, as in the Duke himselfe also, and
your Daughter.

Lear. Ha? Saist thou so?

Knigh. I beseech you pardon me my Lord, if I bee
mistaken, for my duty cannot be silent, when I thinke
your Highnesse wrong'd.

Lear. Thou but remembrest me of mine owne Con-
ception, I haue perceiued a most faint neglect of late,
which I haue rather blamed as mine owne iealous curio-
sitie, then as a very pretence and purpose of vnkindnesse;
I will looke further intoo't: but where's my Foole? I
haue not seene him this two daies.

Knight. Since my young Ladies going into *France*
Sir, the Foole hath much pined away.

Lear. No more of that, I haue noted it well, goe you
and tell my Daughter, I would speake with her. Goe you
call hither my Foole; Oh you Sir, you, come you hither
Sir, who am I Sir?

Enter Steward.

Ste. My Ladies Father.

Lear. My Ladies Father? my Lords knaue, you whor-
son dog, you slaue, you curre.

Ste. I am none of these my Lord,
I beseech your pardon.

Lear. Do you bandy lookes with me, you Rascall?

Ste. Ile not be strucken my Lord.

LEAR Er dächte nicht daran?

RITTER Mylord, ich weiß nicht, was vorgeht, aber nach meinem Dafürhalten wird Eure Hoheit nicht mit der förmlichen Ehrerbietung umsorgt, die Ihr gewohnt wart; es macht sich eine beachtliche Verminderung des Respekts bemerkbar, sowohl beim Personal, als auch beim Herzog selbst sowie Eurer Tochter.

LEAR Ha! Was du nicht sagst!

RITTER Ich ersuche um Nachsicht mit mir, Mylord, falls ich irre, aber meine Ergebenheit kann nicht schweigen, wenn mir scheint, Eure Hoheit wird herabgewürdigt.

LEAR Du erwähnst einen Eindruck, den ich selber schon hatte; ich nehme seit kurzem einen Anflug von Mißachtung wahr, den ich mehr meiner eigenen kleinlichen Empfindsamkeit zuschob, als einem tatsächlichen Vorsatz zur Grobheit. Ich werde ein Auge darauf haben. Aber wo ist mein Narr? Seit zwei Tagen habe ich ihn nicht gesehen.

RITTER Sir, die Abreise der jüngsten Prinzessin nach Frankreich hat den Narren sehr mitgenommen.

LEAR Nichts davon; es ist mir nicht entgangen. Geh und sag meiner Tochter, ich wünsche sie zu sprechen. Geh du und ruf mir den Narren her. O, Sie, Sir, ja, Sie, kommen Sie näher, Sir. Wer bin ich, Sir?

Oswald tritt wieder auf.

OSWALD Myladys Papa.

LEAR Myladys Papa? Vielleicht gar Mylords Stiefelwichser! Du Hurensohn von einer Töle, du Sauhund, du räudige Mischung!

OSWALD Wenn Mylord gestatten, das alles bin ich nicht.

LEAR Willst du dich auf Pupillen duellieren, Halunke?

OSWALD Ich lasse mich nicht schlagen, Mylord.

Kent. Nor tript neither, you base Foot-ball plaier.
Lear. I thanke thee fellow.
  Thou seru'st me, and Ile loue thee.
Kent. Come sir, arise, away, Ile teach you differences:
  away, away, if you will measure your lubbers length a-
  gaine, tarry, but away, goe too, haue you wisedome, so.

Lear. Now my friendly knaue I thanke thee, there's
  earnest of thy seruice.
           Enter Foole.
Foole. Let me hire him too, here's my Coxcombe.
Lear. How now my pretty knaue, how dost thou?
Foole. Sirrah, you were best take my Coxcombe.

Lear. Why my Boy?
Foole. Why? for taking ones part that's out of fauour,
  nay, & thou canst not smile as the wind sits, thou'lt catch
  colde shortly, there take my Coxcombe; why this fellow
  ha's banish'd two on's Daughters, and did the third a
  blessing against his will, if thou follow him, thou must
  needs weare my Coxcombe. How now Nunckle? would
  I had two Coxcombes and two Daughters.

Lear. Why my Boy?
Fool. If I gaue them all my liuing, I'ld keepe my Cox-
  combes my selfe, there's mine, beg another of thy
  Daughters.
Lear. Take heed Sirrah, the whip.
Foole. Truth's a dog must to kennell, hee must bee
  whipt out, when the Lady Brach may stand by'th'fire
  and stinke.
Lear. A pestilent gall to me.

KENT Noch zu Fall bringen, du elender Balltreter.
LEAR Ich danke dir, Bruder, du dienst mir, und ich mag dich.
KENT Kommt, Sir, hoch mit Euch und dann weg! Ich lehre Euch Abstand halten, weg, weg! Wollt Ihr Eure Blödmannslänge nochmal nachmessen, wartet, ansonsten weg! Haut ab! Habt Ihr sie noch alle? Endlich.
LEAR Nun, Friedensfreund, ich danke dir. Da hast du Handgeld auf deinen Dienst.
Auftritt Narr.
NARR Laßt mich'n auch heuern, hier's meine Hahnenkappe.
LEAR Na, mein Hübscher, was machst du so?
NARR Mister, Sie wärn gut beraten, nähmen Sie die Hahnenkappe.
LEAR Warum, mein Junge?
NARR Warum? Weil er mit eim loszieht, der außenbords der Gunst is, jawohl, und kannste nich nach'm Wind lächeln, holste dir ruckzuck 'n Schnupfen. Da, nimm meine Hahnenkappe. Ja, was denn, dieser Großmotz hat zwei seiner Töchter verbannt und der dritten wider Willen sein' Segen gegeben. Folgense dem, brauchense meine Hahnenkappe, unbedingt. Nich wahr, Monkel? Ich wollt, ich hätt zwo Hahnenkappen und zwo Töchter.
LEAR Warum, mein Sohn?
NARR Weil, wenn ich denen meine ganze Habe schenkte, behielt ich meine zwei Hahnenkappen für uns; hier's meine, erbettel du deine von deinen zwei Töchtern.
LEAR Paß auf, Jungchen! Die Peitsche.
NARR Der Wahrheitshund muß in 'n Zwinger; er wird gepeitscht, wogegen die Schmeichelhündin am Kamin liegen darf und schlecht riechen.
LEAR Er schenkt mir was ein, das schmeckt gallig.

Foole. Sirha, Ile teach thee a speech.
Lear. Do.
Foole. Marke it Nuncle;
    Haue more then thou showest,
    Speake lesse then thou knowest,
    Lend lesse then thou owest,
    Ride more then thou goest,
    Learne more then thou trowest,
    Set lesse then thou throwest;
    Leaue thy drinke and thy whore,
    And keepe in a dore,
    And thou shalt haue more,
    Then two tens to a score.
Kent. This is nothing Foole.
Foole. Then 'tis like the breath of an vnfeed Lawyer, you gaue me nothing for't, can you make no vse of nothing Nuncle ?
Lear. Why no Boy,
    Nothing can be made out of nothing.
Foole. Prythee tell him, so much the rent of his land comes to, he will not beleeue a Foole.
Lear. A bitter Foole.
Foole. Do'st thou know the difference my Boy, betweene a bitter Foole, and a sweet one.
Lear. No Lad, teach me.
Foole. That Lord that counsail'd thee to giue away thy land,
    Come place him heere by mee, doe thou for him stand,
    The sweet and bitter foole will presently appeare,
    The one in motley here, the other found out there.

NARR Väterchen, ich lehr dich 'n Reim.
LEAR Mach.
NARR Hör gut zu, Monkel.
   Mehr haben als zeigen
   Nicht quasseln, mehr schweigen
   Nie mehr ausleihn als dein eigen
   Statt laufen lieber 'n Gaul besteigen
   Nie bei Gericht für Gauner zeugen
   Beim Würfelspiel zum Sparen neigen;
   Wein laß du und Weiber stehn
   Hüt dich, aus dem Haus zu gehn:
   Halt das ein, und du sollst sehn
   Du kriegst zwanzig raus auf zehn.
KENT Das ist dummes Zeug, Narr.
NARR Wie jeder Rülpser von 'nem unbezahlten Wortverdreher, er hat Euch null gekostet. Kannst du mit nichts nichts anfangen, Monkel?
LEAR Wie denn auch, Bürschchen; aus nichts wird nichts.

NARR Ich flehe dich an, sag ihm, auf genau die Rente kommt er ohne sein Reich: ei'm Narren glaubt er nich.
LEAR Ein bitterer Narr!
NARR Weißt du den Unterschied, Bürschchen, zwischen ei'm sauren Narrn und ei'm süßen?
LEAR Nein, Knabe, lehr ihn mich.
NARR Als der von deinen Lords, der dir
   Riet, dein Reich wegzugeben
Kommst du schnurstracks her zu mir
   Und stellst dich hier daneben:
Der süße und der saure Narr
   Ihr seht sie vor euch stehn
Den bunten gibt es hier zu sehn
   Den andern seht ihr da.

Lear. Do'st thou call mee foole boy?
Foole. All thy other Titles thou hast giuen away, tha thou wast borne with.
Kent. This is not altogether foole my Lord.
Foole. No faith, Lords and great men will not let me, if I had a monopolie out, they would haue part an't, and Ladies too, they will not let me haue all the foole to my selfe, they'l be snatching;

Foole. Nunckle, giue me an egge, and Ile giue thee two Crownes.
Lear. What two Crownes shall they be?
Foole. Why after I haue cut the egge i'th'middle and eate vp the meate, the two Crownes of the egge: when thou clouest thy Crownes i'th'middle, and gau'st away both parts, thou boar'st thine Asse on thy backe o're the durt, thou had'st little wit in thy bald crowne, when thou gau'st thy golden one away; if I speake like my selfe in this, let him be whipt that first findes it so.
Fooles had nere lesse grace in a yeere,
For wisemen are growne foppish,
And know not how their wits to weare,
Their manners are so apish.

Le. When were you wont to be so full of Songs sirrah?
Foole. I haue vsed it Nunckle, ere since thou mad'st thy Daughters thy Mothers, for when thou gau'st them the rod, and put'st downe thine owne breeches, then they
For sodaine ioy did weepe,
And I for sorrow sung,
That such a King should play bo-peepe,
And goe the Foole among.

LEAR Machst du aus mir einen Narren, Bürschchen?
NARR Alle deine sonstigen Titel haste weggeschenkt; den trägste von Geburt an.
KENT Da ist er nicht hundert Prozent Narr, Mylord.
NARR Nee, meiner Treu, die Lords und großen Herrn lassen mich ja auch nicht; selbst wenn ich 'n Monopol drauf hätte, sie wollen mitmischen. Und die Ladies desgleichen, die lassen mich auch nicht voll der Narr sein, ständig knapsen sie mir was ab.
Monkel, gib mir 'n Ei und ich geb dir zwei Krönchen.

LEAR Was für zwei Krönchen?
NARR Na, schlag ich's Ei mitten durch und ess den Inhalt, die beiden Krönchen von der Schale. Als du deine Krone mitten durchgehaun hast und die beiden Hälften weggeschenkt, da trugst du deinen Esel auf dem Buckel durch den Modder und nicht der Esel dich. Du hattest wenig Grips in deiner kahlen Krone als du deine goldne abgabst. War das jetzt gesagt wie voll der Narr, peitscht den, ders zuerst merkt.

    Für Narren ists ein schlechtes Jahr
        Denn Weise wurden Laffen
    Ihr Hirn verlor sich ganz und gar
        Sie führn sich auf wie Affen.

LEAR Seit wann platzt du so vor Liedern, Sportsfreund?
NARR Das befiel mich, als du deine Töchter zu deinen Müttern machtest. Als du ihnen die Rute übergabst und dir selbst die Hosen runterließest.

    Da weinten sie vor freudigem Schreck
        Und mein Kummer sagte mir: Sing!
    Daß so ein König spielt **Guckundweg**
        Und **unter die Narren** ging.

Pry'thy Nunckle keepe a Schoolemaster that can teach
thy Foole to lie, I would faine learne to lie.

Lear. And you lie sirrah, wee'l haue you whipt.
Foole. I maruell what kin thou and thy daughters are,
they'l haue me whipt for speaking true: thou'lt haue me
whipt for lying, and sometimes I am whipt for holding
my peace. I had rather be any kind o'thing then a foole,
and yet I would not be thee Nunckle, thou hast pared thy
wit o'both sides, and left nothing i'th'middle; heere
comes one o'the parings.

Enter Gonerill.
Lear. How now Daughter? what makes that Frontlet
on? You are too much of late i'th'frowne.

Foole. Thou wast a pretty fellow when thou hadst no
need to care for her frowning, now thou art an O without a figure, I am better then thou art now, I am a Foole,
thou art nothing. Yes forsooth I will hold my tongue, so
your face bids me, though you say nothing.
Mum, mum, he that keepes nor crust, not crum,
Weary of all, shall want some. That's a sheal'd Pescod.

Gon. Not only Sir this, your all-lycenc'd Foole,
But other of your insolent retinue
Do hourely Carpe and Quarrell, breaking forth
In ranke, and (not to be endur'd) riots Sir.
I had thought by making this well knowne vnto you,

Bittschön, Monkel, leg dir einen Schulmeister zu, der
deinen Narren Schwindeln lehrt. Ich will furchtbar gern
schwindeln lernen.
LEAR Schwindelst du, kriegst du die Peitsche.
NARR Das frag ich mich, was für eine Sippschaft ihr seid,
du und deine Töchter: von denen krieg ich die Peitsche,
wenn ich was Wahres sage; von dir krieg ich die Peitsche,
wenn ich schwindle, und manchmal krieg ich die Peitsche,
weil ich den Mund halte. Ich möchte alles Mögliche
sein, außer Narr, und doch möchte ich nicht du sein,
Monkel: du hast deinem Verstand beide Zipfel abgeschnitten
und dazwischen nix gelassen. Hier kommt der
eine Zipfel.

Goneril.

LEAR Wie gehts, Tochter? Was machst du mit dem Verband
um den Kopf? Du legst neuerdings die Stirn zuviel
in Falten, wie?
NARR Du warst prima dran, als dir ihre Falten egal sein
konnten, jetzt bist du eine Null ohne Zahl davor; ich bin
jetzt besser als du: ich bin Narr, du bist nix. Ja, schon gut,
ich hüte meine Zunge, das legt Eure Miene mir nahe, obwohl
Ihr nix von Euch gebt.

    Der Muhme, der Muhme
    Die Kruste nicht ehrte noch Krume
    Der pflanzen wir keine Blume.

Der's 'ne ausgepahlte Erbsenschote.
GONERIL Nicht allein, Sir, dieser Narr mit Freibrief
Auch andre Eures ruppigen Gefolges
Suchen stündlich Zank und Streit, entfesseln
Wilde, nicht zu duldende Tumulte.
Sir, als ich Euch das klagte, nahm ich an
Ich wäre an der richtigen Adresse.

    To haue found a safe redresse, but now grow fearefull
    By what your selfe too late haue spoke and done,
    That you protect this course, and put it on
    By your allowance, which if you should, the fault

    Would not scape censure, nor the redresses sleepe,
    Which in the tender of a wholesome weale,
    Might in their working do you that offence,
    Which else were shame, that then necessitie
    Will call discreet proceeding.

Foole. For you know Nunckle, the Hedge-Sparrow
    fed the Cuckoo so long, that it's had it head bit off by it
    young, so out went the Candle, and we were left dark-
    ling.
Lear. Are you our Daughter?
Gon. I would you would make vse of your good wisedome
    (Whereof I know you are fraught), and put away
    These dispositions, which of late transport you
    From what you rightly are.

Foole. May not an Asse know, when the Cart drawes
    the Horse?
    Whoop Iugge I loue thee.
Lear. Do's any heere know me?
    This is not *Lear.*
    Do's *Lear* walke thus? Speake thus? Where are his eies?
    Either his Notion weakens, his Discernings
    Are Lethargied. Ha! Waking? 'Tis not so?
    Who is it that can tell me who I am?
Foole. Lears shadow.
Lear. I would learne that, for by the markes of , soueraintie

Doch nun wächst meine Sorge angesichts
Dessen was Ihr selbst in jüngster Zeit
Gesprochen und getan habt, daß Ihr vielmehr
Diese Dinge stützt und Euer Vorbild
Sie **ermuntert**. Solltet Ihr das tun
Entrinnt der Mißstand nicht der Korrektur
Noch schlafen Regulierungsmittel, die
Zwecks Schaffung einer friedlichen Gemeinschaft
Angewandt, Euch solche Grenzen **setzen**
Die anders schändlich wären, in der Not
Jedoch als kluges Vorgehn gelten **dürften**.
NARR Denn weißt du, Monkel
    Der Zaunkönig nährte den Kuckuck, bis
    Der dem Kleinen das Köpfchen abriß.
  Und aus ging das Talglicht und wir warn umdüstert.
LEAR Seid Ihr Unsre Tochter?
GONERIL   Kommt schon, Sir
  Macht Gebrauch von jener frommen Weisheit
  Von der Ihr, wie ich weiß, genug an Bord habt
  Und rollt die Launen ein, die Euch seit neustem
  Weit von dem wegtreiben, der Ihr seid.
NARR Kann ein Esel etwa nicht erkennen, wenn der Karren
den Gaul zieht?
Hepp, Hannchen, ich lieb dich.
LEAR Kennt mich hier wer? Dies ist nicht Lear. Geht Lear so?
  Spricht er so? Wo hat er seine Augen?
  Entweder schwächelt seine Geisteskraft
  Sein Erkennen lahmt – Ha! Bin ich wach? Wenn nicht
  Wer sagt mir, wer ich bin?

NARR   Der Schatten Lears.
LEAR Das wüßt ich gern; denn eine Spur von Hoheit

nowledge, and reason, I should bee false perswaded
I had daughters.
Foole. Which they, will make an obedient father.
Lear. Your name, faire Gentlewoman?
Gon. This admiration Sir, is much o'th'sauour
Of other your new prankes. I do beseech you
To vnderstand my purposes aright:
As you are Old, and Reuerend, should be Wise.
Heere do you keepe a hundred Knights and Squires,
Men so disorder'd, so debosh'd, and bold,
That this our Court infected with their manners,
Shewes like a riotous Inne; Epicurisme and Lust
Makes it more like a Tauerne, or a Brothell,
Then a grac'd Pallace. The shame it selfe doth speake
For instant remedy. Be then desir'd
By her, that else will take the thing she begges,
A little to disquantity your Traine,
And the remainders that shall still depend,
To be such men as may besort your Age,
Which know themselues, and you.

Lear. Darknesse, and Diuels.
Saddle my horses: call my Traine together.
Degenerate Bastard, Ile not trouble thee;
Yet haue I left a daughter.
Gon. You strike my people, and your disorder'd rable,
make Seruants of their Betters.

Enter Albany.
Lear. Woe, that too late repents:

Von Erinnerung und Denkvermögen
Macht mir fälschlich weis, ich hätte Töchter.
NARR Aus dem die sich 'nen braven Vater zimmern.
LEAR Euer Name, schönes Edelfräulein?
GONERIL Dies sich Verstellen, Sir, trägt den Geschmack
Aller Eurer jüngsten Albernheiten.
Ich bitte Euch, das, was ich hier **verfolge**
Richtig zu verstehen: rein nach Alter
Und Ansehn solltet Ihr ein Weiser sein;
Stattdessen haltet Ihr Euch hundert Ritter
Samt ihren Knappen, Männer, derart zuchtlos
Derart außer Rand und Band und grob
Daß unser Hof, von ihren Sitten krank
Wie ein lärmerfülltes Wirtshaus wirkt;
Eine ehrenfeste Burg verwandeln Wollust
Und Völlerei in Hurenhaus und Schenke.
Die bloße Scham verlangt, das rasch zu ändern.
Darum erbittet sie, die sich die Dinge
Um die sie Euch ersucht, sonst nimmt, daß Ihr
Euren Troß um einiges verringert
Und die Verbleibenden aus Männern wählt
Die Eurem Alter anstehn und vertraut sind
Mit sich selbst und Euch.
LEAR   Höllnacht und Teufel!
Sattelt die Pferde! Holt den Troß zusammen!
Verworfner Bastard! Mich siehst du nicht wieder.
Eine Tochter bleibt mir noch.
GONERIL   Ihr prügelt
Mein Personal und Euer wüster Haufen
Demütigt die, die höher stehn als er.
Albany.
LEAR Weh dem, der zu spät bereut: ist all dies

Is it your will, speake Sir? Prepare my Horses.
Ingratitude! thou Marble-hearted Fiend,
More hideous when thou shew'st thee in a Child,
Then the Sea-monster.

Alb. Pray Sir be patient.

Lear. Detested Kite, thou lyest.
My Traine are men of choice, and rarest parts,
That all particulars of dutie know,
And in the most exact regard, support
The worships of their name. O most small fault,

How vgly did'st thou in *Cordelia* shew?
Which like an Engine, wrencht my frame of Nature
From the fixt place: drew from my heart all loue,
And added to the gall. O *Lear, Lear, Lear*!
Beate at this gate that let thy Folly in,
And thy deere Iudgement out. Go, go, my people.

Alb. My Lord, I am guiltlesse, as I am ignorant
Of what hath moued you.

Lear. It may be so, my Lord.
Heare Nature, heare deere Goddesse, heare:
Suspend thy purpose, if thou did'st intend
To make this Creature fruitfull:
Into her Wombe conuey stirrility,
Drie vp in her the Organs of increase,
And from her derogate body, neuer spring
A Babe to honor her. If she must teeme,
Create her childe of Spleene, that it may liue

Euer Wille? Sprecht, Sir. Zäumt die Pferde.
Undank, Teufel mit dem Herz aus Marmor,
Grauser bist du, zeigst du dich im Kind
Als der Levíathan der Tiefsee.
ALBANY   Bitte
Sir, bleibt ruhig.
LEAR   Aasvogel, ekelhafter!
Du lügst. Mein Troß sind ausgesuchte Männer
Von erlesenem Charakter, die sich
In allen Einzelheiten ihrer Pflichten
Wohl bewußt sind und in jeder Weise
Den Respekt verdienen, den ihr Titel
Ihnen zuspricht. O, harmloser Frevel
Wie scheußlich schienst du an Cordelia!
Aus den Knochen preßtest wie ein Schraubstock
Du mir die Natur, stahlst alle Liebe
Mir aus der Brust und mischtest sie mit Galle.
O Lear! Lear! Lear! Schlag an dies Tor, das deine
Narrheit einließ und dein klares Urteil
Ausschloß. Rückt ab, rückt ab, Männer!
ALBANY   Ich
Mylord, bin ohne Schuld, da ich nicht weiß
Was Euch bewegt.
LEAR   Das mag schon sein, Mylord.
Höre mich, Natur, hör, große Göttin:
Steh ab von deinem Tun, falls du im Sinn hast
Diese Kreatur fruchtbar zu machen!
Halte ihr die Leibeshöhle keimlos
Die Quellen der Vermehrung trockne aus
Und ihrem kranken Leib entspringe nie
Ein Kleines, ihr zur Ehre. Muß sie werfen
Pflanz ihr 'nen Balg voll bösem Willen ein

And be a thwart disnatur'd torment to her.
Let it stampe wrinkles in her brow of youth,
With cadent Teares fret Channels in her cheekes,
Turne all her Mothers paines, and benefits
To laughter, and contempt: That she may feele,
How sharper then a Serpents tooth it is,
To haue a thanklesse Childe. Away, away. *Exit.*

Alb. Now Gods that we adore,
Whereof comes this?

Gon. Neuer afflict your selfe to know more of it:
But let his disposition haue that scope
As dotage giues it.

Enter Lear.

Lear. What fiftie of my Followers at a clap?
Within a fortnight?

Alb. What's the matter, Sir?

Lear. Ile tell thee:
Life and death, I am asham'd
That thou hast power to shake my manhood thus,
That these hot teares, which breake from me perforce
Should make thee worth them.
Blastes and Fogges vpon thee:
Th'vntented woundings of a Fathers curse
Pierce euerie sense about thee. Old fond eyes,
Beweepe this cause againe, Ile plucke ye out,
And cast you with the waters that you loose
To temper Clay. Ha? Let it be so.
I haue another daughter,
Who I am sure is kinde and comfortable:
When she shall heare this of thee, with her nailes
Shee'l flea thy Woluish visage. Thou shalt finde,

Der ihr zuwider lebt als Qual der Mutter.
Der möge Furchen in die Stirn ihr schneiden
In ihre Wangen Tränengräben ziehen
Verlachen und verachten möge er
All ihre Mutterliebe, ihr Umsorgen
Auf daß sie fühlt, daß Kindesundank schärfer
Sticht als Schlangenbiß. Weg hier, weg hier. *Ab.*
ALBANY Nun, bei den großen Göttern, wo kam das her?

GONERIL Bemüht Euch nicht, die Gründe zu erfahren
Laßt seinem Alterswahnsinn nur den Auslauf
Den seine Launen fordern.
Lear.
LEAR Was? Fünfzig meiner Männer auf einmal?
Und in zwei Wochen?
ALBANY Worum geht es, Sir?
LEAR Ich sag's dir. Tod und Leben! Es beschämt mich
Daß du die Macht hast, mir den Mannesmut
So zu erschüttern, daß es scheint, du wärst
Diese heißen Tränen, die gewaltsam
Aus mir brechen, wert. Sturm über dich
Und Nebel! Eines Vaters Fluch, er wird
Seine unheilbaren Wunden dir
Durch alle deine Lebensnerven bohren!
Ihr alten blöden Augen, heult ihr weiter
Aus gleichem Grund, rupf ich euch aus und schmeiß euch
In das Wasser, das ihr hier verschüttet
Als gälte es, den Acker zu begießen.
Ha? Was solls! Noch eine Tochter hab ich
Die, ich bin sicher, freundlich ist und trostreich.
Hört sie dies von dir, enthäutet sie
Mit ihren Nägeln dir dein Wolfsgesicht.

    That Ile resume the shape which thou dost thinke
    I haue cast off for euer. *Exit*

Gon. Do you marke that?
Alb. I cannot be so partiall *Gonerill*,
    To the great loue I beare you.
Gon. Pray you content. What *Oswald*, hoa?
    You Sir, more Knaue then Foole, after your Master.

Foole. Nunkle *Lear*, Nunkle *Lear*,
    Tarry, take the Foole with thee:
    A Fox, when one has caught her,
    And such a Daughter,
    Should sure to the Slaughter,
    If my Cap would buy a Halter,
    So the Foole followes after. *Exit*
Gon. This man hath had good Counsell,
    A hundred Knights?
    'Tis politike, and safe to let him keepe
    At point a hundred Knights: yes, that on euerie dreame,
    Each buz, each fancie, each complaint, dislike,
    He may enguard his dotage with their powres,
    And hold our liues in mercy. *Oswald*, I say.
Alb. Well, you may feare too farre.
Gon. Safer then trust too farre;
    Let me still take away the harmes I feare,
    Not feare still to be taken. I know his heart,
    What he hath vtter'd I haue writ my Sister:
    If she sustaine him, and his hundred Knights
    When I haue shew'd th'vnfitnesse.

Du wirst sehen, meine alte Größe
Von der du meinst, ich habe sie auf ewig
Abgelegt, hol ich mir wieder. *Ab.*
GONERIL Hört ihr?
ALBANY Bei aller Liebe, Goneril, ich darf nicht
In dieser Form parteiisch sein.
GONERIL Vergiß es.
Oswald, komm. Ihr, Sir, mehr Hund als Narr
Ab zu Eurem Herrchen.
NARR Monkel Lear
Monkel Lear, wart: nimm den Narren mit!
Mit 'ner Füchsin, fing ich sie ein
Und wäre diese Tochter mein
Schaut' ich fix beim Schlachter rein
Kauft die Kappe mir den Strick;
Drum bleibt der Narr ungern zurück. *Ab.*
GONERIL Der Mann war gut beraten: hundert Ritter?
Das war politisch klug, einhundert Ritter
In Waffen zu verlangen; so vermag er
Bei jedem Hirngespinst, bei jeder Laune
Bei jeder Klage und bei jedem Mißton
Den Kalk im Kopf mit ihrer Macht zu rüsten
Und uns in Geiselhaft zu nehmen. Oswald!
ALBANY Euer Befürchten geht zu weit.
GONERIL 's ist sichrer
Als Vertrauen, das zu weit geht. Laßt mich
Nur den Ärger räumen, den ich fürchte
Statt mich fürchten, selbst geräumt zu werden:
Ich kenne mich in seinem Herzen aus.
Der Schwester schrieb ich, was er von sich gibt
Nimmt sie ihn auf und seine hundert Ritter
Obwohl ich die Unvereinbarkeit –

Enter Steward.

How now *Oswald*?
What haue you writ that Letter to my Sister?
Stew. I Madam.
Gon. Take you some company, and away to horse,
Informe her full of my particular feare,
And thereto adde such reasons of your owne,
As may compact it more. Get you gone,
And hasten your returne; no, no, my Lord,
This milky gentlenesse, and course of yours
Though I condemne not, yet vnder pardon
Your are much more at task for want of wisedome,
Then prai'sd for harmefull mildnesse.
Alb. How farre your eies may pierce I cannot tell;
Striuing to better, oft we marre what's well.
Gon. Nay then——
Alb. Well, well, th'euent. *Exeunt*

Scena Quinta.

Enter Lear, Kent, Gentleman, and Foole.

Lear. Go you before to *Gloster* with these Letters;
acquaint my Daughter no further with any thing you
know, then comes from her demand out of the Letter,
if your Dilligence be not speedy, I shall be there afore
you.
Kent. I will not sleepe my Lord, till I haue deliuered
your Letter. *Exit.*
Foole. If a mans braines were in's heeles, wert not in
danger of kybes?
Lear. I Boy.

Oswald.
Oswald! Und der Brief an meine Schwester?

OSWALD Ist fertig, Madam.
GONERIL　　　　　　　Nimm Begleitschutz mit
　Und ab zu Pferd. Was ich persönlich fürchte
　Berichtest du und fügst noch eigne Gründe
　Hinzu, damit es stärker wirkt. Beeil dich
　Und gleich sei wieder hier. Nein, nein, Mylord
　Ich bin es nicht, der Euren Milchkurs tadelt
　Jedoch vergebt, man kritisiert an Euch
　Den Mangel an Entschiedenheit viel öfter
　Als daß man Eure faule Sanftmut preist.
ALBANY Vergeßt nicht, tut Ihr nun, was ich vermute:
　Wer Bessres will, verdirbt zuerst das Gute.
GONERIL Nein, dann –
ALBANY　　　　　Gut, gut, die Zeit wird es erweisen. *Beide ab.*

I, 5

Lear, Kent, Narr.

LEAR Mit dem Brief reitest du voraus nach Gloster. Von allem, was du weißt, erzählst du meiner Tochter nur das, wonach sie aufgrund des Briefs fragt. Stehst du länger so herum, bin ich noch vor dir da.

KENT Ich tu kein Auge zu, Mylord, eh ich Euern Brief nicht abgeliefert habe.
NARR Säß einem Kerl der Grips in den Hacken, lief er nicht Gefahr, da Blasen zu kriegen?
LEAR Ja, Jungchen.

Foole. Then I prythee be merry, thy wit shall not go slip-shod.
Lear. Ha, ha, ha.
Fool. Shalt see thy other Daughter will vse thee kindly, for though she's as like this, as a Crabbe's like an Apple, yet I can tell what I can tell.
Lear. What can'st tell Boy?
Foole. She will taste as like this as, a Crabbe do's to a Crab: thou canst tell why ones nose stands i'th'middle on's face?
Lear. No.
Foole. Why to keepe ones eyes of either side's nose, that what a man cannot smell out, he may spy into.

Lear. I did her wrong.
Foole. Can'st tell how an Oyster makes his shell?
Lear. No.
Foole. Nor I neither; but I can tell why a Snaile ha's a house.
Lear. Why?
Foole. Why to put's head in, not to giue it away to his daughters, and leaue his hornes without a case.

Lear. I will forget my Nature, so kind a Father? Be my Horsses ready?
Foole. Thy Asses are gone about 'em; the reason why the seuen Starres are no mo then seuen, is a pretty reason.

Lear. Because they are not eight.
Foole. Yes indeed, thou would'st make a good Foole.

Lear. To tak't againe perforce; Monster Ingratitude!

NARR Dann, ich bitt dich, freue dich! Dein Scharfsinn darf unbesorgt barfuß gehn.
LEAR Ha, ha, ha!
NARR Wirst sehen, deine nächste Tochter nimmt dich liebevoll auf; denn gleicht sie auch der hier wie ein Holzapfel 'nem Apfel, weiß ich doch, was ich weiß.
LEAR Was weißt du, Jungchen?
NARR Im Geschmack gleicht sie der hier wie ein Holzapfel 'nem Holzapfel. Das weißt du aber, warum die Nase mitten im Gesicht steht?
LEAR Nein.
NARR Na, um auf jeder Seite der Nase ein Auge zu haben, damit man, was man nicht riechen kann, immer schön einsieht.
LEAR Ich tat ihr Unrecht.
NARR Und wie die Auster ihre Schale macht, das weißt du?
LEAR Nein.
NARR Ich auch nicht, aber warum der Schneck 'n Haus hat, das weiß ich.
LEAR Warum?
NARR Warum? Na, um sein' Kopf reinzustecken, damit er's nicht an seine Töchter wegschenkt und seine Hörner ohne Gehäuse läßt.
LEAR Ich will meine wahre Natur vergessen. Ein so liebevoller Vater! Sind meine Pferde fertig?
NARR Deine Esel ham sich drum gekümmert. Der Grund, warum das Siebengestirn aus nicht mehr besteht als sieben Sternen, ist 'n raffinierter Grund.
LEAR Weil 's keine acht sind?
NARR Allerdings, in der Tat! Du würdst 'n prima Narren abgeben.
LEAR Mir alles zurückholen, mit Gewalt! Undank, du Monster!

Foole. If thou wert my Foole Nunckle, Il'd haue thee
  beaten for being old before thy time.
Lear. How's that?
Foole. Thou shouldst not haue bin old, till thou hadst
  bin wise.
Lear. O let me not be mad, not mad sweet Heauen:
  keepe me in temper, I would not be mad. How now are
  the Horses ready?
Gent. Ready my Lord.
Lear. Come Boy.
Fool. She that's a Maid now, & laughs at my departure,
  Shall not be a Maid long, vnlesse things be cut shorter.
              Exeunt.

Actus Secundus. Scena Prima.

Enter Bastard, and Curan, seuerally.

Bast. Saue thee *Curan.*
Cur. And your Sir, I haue bin
  With your Father, and giuen him notice
  That the Duke of *Cornwall*, and *Regan* his Duchesse
  Will be here with him this night.
Bast. How comes that?
Cur. Nay I know not, you haue heard of the newes a-
  broad, I meane the whisper'd ones, for they are yet but
  ear-kissing arguments.
Bast. Not I: pray you what are they?
Cur. Haue you heard of no likely Warres toward,
  'Twixt the Dukes of *Cornwall*, and *Albany*?
Bast. Not a word.

NARR Wärst du mein Narr, Monkelchen, ich würd dich
   peitschen lassen für vorzeitiges Altwerden.
LEAR Wie jetzt?
NARR Erst hättst du weise werden müssen, dann alt.

LEAR O, mach mich nicht verrückt, nicht verrückt, lieber
   Himmel! Laß mich bei mir selbst; ich will nicht verrückt
   werden. Und? Sind die Pferde fertig?
EDELMANN Fertig, Mylord.
LEAR Komm, Junge.
NARR Die Jungfrau, die hier spöttisch die Lippen schürzt
   Bleibt nicht Jungfrau, wenn keiner die Dinger kürzt.

II, 1

Edmund, Curan.

EDMUND Gott schütze dich, Curan.
CURAN Und Euch, Sir. Ich war bei Eurem Vater und habe
   ihn davon unterrichtet, daß der Herzog von Cornwall und
   Regan, seine Herzogin, heute Abend hier bei ihm eintref-
   fen werden.
EDMUND Warum das?
CURAN Ja, das eben weiß ich nicht. Ihr habt die Neuigkeiten
   von auswärts vernommen, ich meine, die hinter vorgehal-
   tener Hand, denn noch sind sie nichts als Geflüster?
EDMUND Habe ich nicht. Worum geht es denn, bitte?
CURAN Ihr habt nicht gehört, daß ein Krieg droht zwischen
   den Herzögen von Cornwall und Albany?
EDMUND Kein Wort.

Cur. You may do then in time,
   Fare you well Sir.   *Exit.*
Bast. The Duke be here to night? The better best,
   This weaues it selfe perforce into my businesse,
   My Father hath set guard to take my Brother,
   And I haue one thing of a queazie question
   Which I must act, Briefenesse, and Fortune worke.
            Enter Edgar.
   Brother, a word, discend; Brother I say,
   My Father watches: O Sir, fly this place,
   Intelligence is giuen where you are hid;
   You haue now the good aduantage of the night,
   Haue you not spoken 'gainst the Duke of *Cornewall*?
   Hee's comming hither, now i'th'night, i'th'haste,
   And *Regan* with him, haue you nothing said
   Vpon his partie 'gainst the Duke of *Albany*?
   Aduise your selfe.
Edg. I am sure on't, not a word.
Bast. I heare my Father comming, pardon me:
   In cunning, I must draw my Sword vpon you:
   Draw, seeme to defend your selfe,
   Now quit you well.
   Yeeld, come before my Father, light hoa, here,
   Fly Brother, Torches, Torches, so farewell.
            Exit Edgar.
   Some blood drawne on me, would beget opinion
   Of my more fierce endeauour. I haue seene drunkards
   Do more then this in sport; Father, Father,
   Stop, stop, no helpe?
         Enter Gloster, and Seruants with Torches.
Glo. Now *Edmund*, where's the villaine?

CURAN Dann werdet Ihrs, und zwar bald. Lebt wohl, Sir.
Ab.
EDMUND Der Herzog heute Abend hier? Noch besser!
Das webt sich bestens mir in meinen Plan.
Mein Vater läßt nach meinem Bruder fahnden
Und ich muß nur ein heikles Ding noch deichseln;
Fixigkeit und Glück, kommt mir zu Hilfe!
Edgar.
Bruder, auf ein Wort, kommt; hört doch, Bruder!
Mein Vater sucht Euch: o, Sir, flieht von hier!
Wo Ihr versteckt seid, hat man ihm berichtet
Jetzt ist die Dunkelheit für Euch von Vorteil.
Habt Ihr gegen Cornwall Euch erklärt?
Er kommt hierher, zur Nacht, in großer Eile
Und Regan mit ihm; oder habt Ihr etwa
Bei ihm was gegen Albany gesagt?
Besinnt Euch!
EDGAR   Nicht ein Wort, da bin ich sicher.
EDMUND Mein Vater naht, ich bitte Euch um Nachsicht:
Ich muß tun, als zög ich gegen Euch.
Zieht auch, als wehrtet Ihr Euch: schlagt Euch wacker!

Steht! Zeigt Euch meinem Vater! Fackeln, hierher!
Verschwinde, Bruder! Fackel, Fackeln! So, machs gut.

Ein wenig Blut an mir bestärkt den Glauben
An meinen wilden Einsatz. Säufer sah ich
Mehr als das im Spaß tun. Vater, Vater!
Haltet ihn! Halt! Keiner hilft?

GLOSTER   Nun, Edmund
Wo ist der Schurke hin?

Bast. Here stood he in the dark, his sharpe Sword out,
   Mumbling of wicked charmes, coniuring the Moone
   To stand auspicious Mistris.

Glo. But where is he?
Bast. Looke Sir, I bleed.
Glo. Where is the villaine, *Edmund*?
Bast. Fled this way Sir, when by no meanes he could.
Glo. Pursue him, ho: go after. By no meanes, what?
Bast. Perswade me to the murther of your Lordship,
   But that I told him the reuenging Gods,
   'Gainst Paricides did all the thunder bend,

   Spoke with how manifold, and strong a Bond
   The Child was bound to'th'Father; Sir in fine,
   Seeing how lothly opposite I stood
   To his vnnaturall purpose, in fell motion
   With his prepared Sword, he charges home
   My vnprouided body, latch'd mine arme;
   And when he saw my best alarum'd spirits
   Bold in the quarrels right, rouz'd to th'encounter,
   Or whether gasted by the noyse I made,
   Full sodainely he fled.

Glost. Let him fly farre:
   Not in this Land shall he remaine vncaught
   And found; dispatch, the Noble Duke my Master,
   My worthy Arch and Patron comes to night,
   By his authoritie I will proclaime it,

EDMUND   Da stand er, Schwert
Heraus, im Dustern, Zaubersprüche murmelnd
Als seine glückbringende Oberherrin
Die Mondgöttin beschwörend.
GLOSTER   Nur wo ist er?
EDMUND Seht, ich blute, Sir.
GLOSTER   Wo ist der Schurke, Edmund?
EDMUND Da lang geflohn, Sir, als es ihm nicht glückte –
GLOSTER Verfolgt ihn, ihr! Ihm nach! – Ihm was nicht
EDMUND Mich für Eure Tötung zu gewinnen; [glückte?
Bis er von mir hörte, daß die Götter
Die Rache übenden, den Mord am Vater
Mit all ihrem Donner überrollen
Bis ich sprach, welch eng geflochtnes, festes
Band den Sohn an seinen leiblichen
Erzeuger bindet – Sir, ich kürze ab:
Als er wahrnahm, wie abwehrend ich
Seinem Vorsatz wider die Natur
Gegenüberstand, fiel er urplötzlich
Mit gezückter Waffe meinen un-
Geschützten Leib an, sticht mich in den Arm:
Doch ob er sah, wie meine Lebensgeister
Kühn das Recht auf ihrer Seite wissend
Sich alarmiert zur Gegenwehr erhoben
Oder ob der Lärm, den ich eregte
Ihn vertrieb – jäh lief er weg.
GLOSTER   Er laufe
So weit weg, wie er will: in diesem Land
Wird er nicht ungefangen bleiben, und gefangen
Nicht ungestraft. Der edle Herzog, mein
Gebieter, Schirm und Lehnsherr kommt zur Nacht:
In seinem Namen werde ich verkünden

That he which finds him shall deserue our thankes,
Bringing the murderous Coward to the stake:
He that conceales him death.
Bast. When I disswaded him from his intent,
And found him pight to doe it, with curst speech
I threaten'd to discouer him; he replied,
Thou vnpossessing Bastard, dost thou thinke,
If I would stand against thee, would the reposall

Of any trust, vertue, or worth in thee
Make thy words faith'd? No, what should I denie,
(As this I would, though thou didst produce
My very Character) I'ld turne it all
To thy suggestion, plot, and damned practise:
And thou must make a dullard of the world,
If they not thought the profits of my death
Were very pregnant and potentiall spirits
To make thee seeke it. *Tucket within.*

Glo. O strange and fastned Villaine,
Would he deny his Letter, said he?
Harke, the Dukes Trumpets, I know not wher he comes.;
All Ports Ile barre, the villaine shall not scape,
The Duke must grant me that: besides, his picture
I will send farre and neere, that all the kingdome
May haue due note of him, and of my land,
(Loyall and naturall Boy) Ile worke the meanes
To make thee capable.

Daß, wer ihn aufspürt, unsern Dank verdient
Bringt er den feigen Mörder vor Gericht
Wer ihn versteckt, den Tod.
EDMUND 　　　　　　　Als ich mich mühte
Ihm seine Absicht auszureden, drohte
Ich ihm, der sich mir wild entschlossen zeigte
Mit scharfen Worten, ihn zu melden. Wie?
Erwidert er, du erbschaftsloser Bastard?
Glaubst du, daß, wenn ich dir entgegentrete
Irgendein noch so geringer Vorschuß
An Sympathie, an Zutraun oder Achtung
Deine Worte glaubhaft macht? I wo!
Was ich leugne (und ich leugne alles
Und kämst du auch mit meiner eignen Handschrift)
Das drehe ich zurück auf deinen Ansporn
Deine Pläne, deine schlimmen Schliche.
Du mußt die Welt schon ganz zum Dämlack machen
Soll sie nicht merken, wie der Vorteil meines Abgangs
Verheißungsvolle, mächtige Gespenster
Wachruft, die dich locken, ihn zu suchen.
GLOSTER O, dieser Schurkenausbund soll mein Sohn sein?
Die eigne Hand wird er verleugnen, sagt er?
Horch, Fanfaren, herzogliche! Was
Er wünscht, ich weiß es nicht. Ich schließ die Häfen
Der Schuft entkommt mir nicht; das muß der Herzog
Mir bewilligen. Des weitern werd ich
Ein Bild von ihm in alle Winde senden
Damit das Königreich weiß, wie er aussieht.
Und was mein Land angeht, mein treuer Sohn
Mein menschlich fühlender, sorg ich dafür
Daß du es erbst.

Enter Cornewall, Regan, and Attendants.

Corn. How now my Noble friend, since I came hither
(Which I can call but now,) I haue heard strangenesse.
Reg. If it be true, all vengeance comes too short
Which can pursue th'offender; how dost my Lord?
Glo. O Madam, my old heart is crack'd, it's crack'd.
Reg. What, did my Fathers Godsonne seeke your life?
He whom my Father nam'd, your *Edgar*?
Glo. O Lady, Lady, shame would haue it hid.

Reg. Was he not companion with the riotous Knights
That tended vpon my Father?
Glo. I know not Madam, 'tis too bad, too bad.
Bast. Yes Madam, he was of that consort.
Reg. No maruaile then, though he were ill affected,
'Tis they haue put him on the old mans death,
To haue th'expence and wast of his Reuenues:
I haue this present euening from my Sister
Beene well inform'd of them, and with such cautions,
That if they come to soiourne at my house,
Ile not be there.

Cor. Nor I, assure thee *Regan*;
Edmund, I heare that you haue shewne yout Father
A Child-like Office.
Bast. It was my duty Sir.
Glo. He did bewray his practise, and receiu'd
This hurt you see, striuing to apprehend him.
Cor. Is he pursued?
Glo. I my good Lord.
Cor. If he be taken, he shall neuer more
Be fear'd of doing harme, make your owne purpose,

Cornwall, Regan, Gefolge.

CORNWALL   Mein edler Freund, wie steht es?
  Kaum abgestiegen, höre ich Gerüchte.
REGAN Sind sie wahr, reicht keine Rache hin
  Den Täter zu bestrafen. Graf, was sagt Ihr?
GLOSTER O, Madam, 's bricht mein altes Herz, es bricht es.
REGAN Wie? Euer Edgar wollte Euch ans Leben?
  Er, dem mein Vater Pate stand?
GLOSTER   O Lady
  Lady, Scham verbietet mir, zu sprechen.
REGAN Zählte er nicht zur Bagage der frechen
  Ritter aus dem Anhang meines Vaters?
GLOSTER Weiß nicht, Madam; es ist schlimm, sehr schlimm.
EDMUND Ja, Madam, zu der Truppe zählte er.
REGAN Kein Wunder dann, daß er sich übel ansteckt.
  Die sind's, die ihn zum Tod des Vaters stacheln
  Aus Gier nach dessen Renten und Renditen.
  Just heute Abend hat mich meine Schwester
  Ausführlich über sie ins Bild gesetzt
  Samt Warnungen, die dazu führen werden
  Daß ich, wenn sie vor meinem Haus auftauchen
  Nicht da sein will.
CORNWALL   Ich sicher auch nicht, Regan.
  Edmund, ich höre, Ihr habt Euch dem Vater
  Als wahrer Sohn gezeigt.
EDMUND   's war meine Pflicht, Sir.
GLOSTER Er deckte seine Schliche auf und ward
  Seht Ihr, verletzt, als er ihn fassen wollte.
CORNWALL Verfolgt man ihn?
GLOSTER   Jawohl, mein gnäd'ger Herr.
CORNWALL Wird er ergriffen, soll man ihn nie wieder
  Als Übeltäter fürchten. Nunmehr plant

How in my strength you please: for you *Edmund*,
Whose vertue and obedience doth this instant
So much commend it selfe, you shall be ours,
Nature's of such deepe trust, we shall much need:
You we first seize on.

Bast. I shall serue you Sir truely, how euer else.

Glo. For him I thanke your Grace.
Cor. You know not why we came to visit you?
Reg. Thus out of season, thredding darke ey'd night,
Occasions Noble *Gloster* of some prize,
Wherein we must haue vse of your aduise.
Our Father he hath writ, so hath our Sister,
Of differences, which I best though it fit
To answere from our home: the seuerall Messengers
From hence attend dispatch, our good old Friend,
Lay comforts to your bosome, and bestow
Your needfull counsaile to our businesses,
Which craues the instant vse.

Glo. I serue you Madam,
Your Graces are right welcome. *Exeunt. Flourish.*

Eure nächsten Schritte, nach Belieben
Stützt euch dabei auf meine Macht. Ihr, Edmund
Dessen Wesen und Charakterstärke
Sich bei diesem Vorfall selbst empfehlen
Gehört nunmehr zu uns. Künftig werden
Wir so verläßliche Naturen brauchen;
Ihr seid uns der erste.
EDMUND Dienen will ich
Euch in allem treu, Sir.
GLOSTER Dank, Eu'r Gnaden.
CORNWALL Ihr wißt nicht, was uns treibt, Euch zu besuchen?
REGAN So unerwartet durch das schwarze Öhr
Der Nacht uns fädelnd? Angelegenheiten
Hochedler Gloster, von Gewicht, bei denen
Wir Eures Rats bedürfen. Unser Vater
Schrieb an uns, wie unsre Schwester auch
Von Differenzen: ich erachte es
Für äußerst ratsam, ihm die Antwort nicht
Von zuhause aus zu geben. Beide
Boten warten. Lieber alter Freund
Legt Trost auf Eure Brust, und uns gewährt
Euren klugen Rat in unsrer Sache
Die Eile fordert.
GLOSTER Euer Diener, Madam.
Ich heiße Euer Gnaden sehr willkommen.
Sie gehen ab. Fanfare.

Scena Secunda.

Enter Kent, and Steward seuerally.

Stew. Good dawning to thee Friend, art of this house?
Kent. I.
Stew. Where may we set our horses?
Kent. I'th'myre.
Stew. Prythee, if thou lou'st me, tell me.
Kent. I loue thee not.
Ste. Why then I care not for thee.
Kent. If I had thee in *Lipsbury* Pinfold, I would make thee care for me.
Ste. Why do'st thou vse me thus? I know thee not.

Kent. Fellow I know thee.
Ste. What do'st thou know me for?
Kent. A Knaue, a Rascall, an eater of broken meates, a base, proud, shallow, beggerly, three-suited-hundred pound, filthy woosted-stocking knaue, a Lilly-liuered, action-taking, whoreson glasse-gazing super-seruiceable finicall Rogue, one Trunke-inheriting slaue, one that would'st be a Baud in way of good seruice, and art nothing but the composition of a Knaue, Begger, Coward, Pandar, and the Sonne and Heire of a Mungrill Bitch, one whom I will beate into clamours whining, if thou deny'st the least sillable of thy addition.
Stew. Why, what a monstrous Fellow art thou, thus to raile on one, that is neither knowne of thee, nor knowes thee?
Kent. What a brazen-fac'd Varlet art thou, to deny thou knowest me? Is it two dayes since I tript vp thy

II, 2

Kent, Oswald.

OSWALD Gutes Morgengrauen, Freund. Bist du vom Haus?
KENT Jo.
OSWALD Wo können wir unsre Pferde unterstellen?
KENT Im Dreck.
OSWALD Bitte sei so lieb, und sags mir.
KENT So lieb bin ich nicht.
OSWALD Na dann, machs gut.
KENT Ich machs besser, wenn ich dich prügle.

OSWALD Warum gehst du so mit mir um? Du kennst mich gar nicht.
KENT Sportsfreund, dich kenne ich.
OSWALD Wer bin ich denn?
KENT Ein Hundsfott, ein Haderlump, ein Resteesser, ein primitiver, aufgeblasener, hohler, bettelhafter, hosenabwetzender Seidenstrumpfgimpel, ein hasenherziger Prozeßhansel und Dünnmann, ein Spiegelaffe, ein Speichellecker, ein unmanierlicher Schmutzfink, ein Einkoffererbe, so dienstgeil wie eine Puffmutter, aber nichts als ein Fatzke, ein Handaufhalter, ein Scheißer, Hurenvermieter und der Wurf und ganze Stolz einer Straßenhündin. Einer, den ich in lärmendes Gewinsel hauen werde, solltest du ein Jota deiner Titel bekritteln.
OSWALD Was für ein Tollhäusler bist du, daß du so über wen herfällst, der dir weder bekannt ist noch dich kennt?

KENT Und du, was für ein blechschädliger Trübling bist du, abzustreiten, daß du mich kennst? Ist es nicht zwei Tage

heeles, and beate thee before the King? Draw you rogue, for though it be night, yet the Moone shines, Ile make a sop oth'Moonshine of you, you whoreson Cullyenly Barber-monger, draw.

Stew. Away, I haue nothing to do with thee.

Kent. Draw you Rascall, you come with Letters a-gainst the King, and take Vanitie the puppets part, a-gainst the Royaltie of her Father: draw you Rogue, or Ile so carbonado your shanks, draw you Rascall, come your waies.

Ste. Helpe, ho, murther, helpe.

Kent. Strike you slaue: stand rogue, stand you neat slaue, strike.

Stew. Helpe hoa, murther, murther.

Enter Bastard, Cornewall, Regan, Gloster, Seruants.

Bast. How now, what's the matter? Part.

Kent. With you goodman Boy, if you please, come, Ile flesh ye, come on yong Master.

Glo. Weapons? Armes? what's the matter here?

Cor. Keepe peace vpon your liues, he dies that strikes againe, what is the matter?

Reg. The Messengers from our Sister, and the King?

Cor. What is your difference, speake?

Stew. I am scarce in breath my Lord.

Kent. No Maruell, you haue so bestir'd your valour, you cowardly Rascall, nature disclaimes in thee: a Taylor made thee.

Cor. Thou art a strange fellow, a Taylor make a man?

Kent. A Taylor Sir, a Stone-cutter, or a Painter, could

her, daß ich dir die Haxen nach oben trat und dich verdroschen habe im Angesicht des Königs? Zieh, du Unflat! Ist es auch Nacht, scheint doch der Mond: ich mache Mondscheingulasch aus dir, du Hurensohn von einem eineiigen Friseurfurzer, zieh!

OSWALD Geh weg, ich will nichts mit dir zu schaffen haben.

KENT Zieh, du Laffe! Du kommst mit Briefen gegen den König und ergreifst die Partei der Kasperpuppe Eigensucht gegen die Majestät ihres Vaters. Zieh, du Affenschwanz, oder hacke dir die Schenkel zu Karbonaden! Zieh, du Lump, stell dich.

OSWALD Heda! Zu Hilfe! Mord! Zu Hilfe!

KENT Schlag dich, du Grindskopf! Steh, Haderlump, steh! Du blöder Servierschwengel, wirst du dich wohl schlagen!

OSWALD Zu Hilfe! Heda! Mord! Mord!

Edmund, Cornwall, Regan, Gloster, Bediente.

EDMUND Was tut sich hier? Was soll das? Auseinander!

KENT Dann mit Euch, junges Herrchen, wenns recht ist, kommt, ich schneide Euch an, nun los, herrisches Jüngelchen!

GLOSTER Waffen? Blank? Was geht hier vor?

CORNWALL Bei eurem Leben, haltet Ruhe! Wer noch einmal zuschlägt, stirbt. Was gibt es hier?

REGAN Die Boten unserer Schwester und des Königs?

CORNWALL Worüber streitet ihr euch? Redet.

OSWALD Ich bin völlig außer Atem, Herr.

KENT Kein Wunder, so, wie du deine Tapferkeit gehetzt hast. Du hasenfüßiger Geck, Natur streitet dich ab: dich hat ein Schneider gemacht.

CORNWALL Du bist mir ein drolliger Bursche: ein Schneider soll einen Mann machen?

KENT Ein Schneider, Sir; ein Steinmetz oder ein Anstreicher

not haue made him so ill, though they had bin but two
yeares oth'trade.
Cor. Speake yet, how grew your quarrell?
Ste. This ancient Ruffian Sir, whose life I haue spar'd
at sute of his gray-beard.
Kent. Thou whoreson Zed, thou vnnecessary letter:
my Lord, if you will giue me leaue, I will tread this vn-
boulted villaine into morter, and daube the wall of a
Iakes with him. Spare my gray-beard, you wagtaile?
Cor. Peace sirrah,
You beastly knaue, know you no reuerence?
Kent. Yes Sir, but anger hath a priuiledge.
Cor. Why art thou angrie?
Kent. That such a slaue as this should weare a Sword,
Who weares no honesty: such smiling rogues as these,
Like Rats oft bite the holy cords a twaine,
Which are t'intrince, t'vnloose: smooth euery passion
That in the natures of their Lords rebell,
Being oile to fire, snow to the colder moodes,
Reuenge, affirme, and turne their Halcion beakes
With euery gall, and varry of their Masters,
Knowing naught (like dogges) but following:
A plague vpon your Epilepticke visage,
Smoile you my speeches, as I were a Foole?
Goose, if I had you vpon *Sarum* Plaine,
I'ld driue ye cackling home to *Camelot*.

Corn. What art thou mad old Fellow?
Glost. How fell you out, say that?
Kent. No contraries hold more antipathy,
Then I, and such a knaue.

hätten ihn besser hingekriegt, selbst nach nur zwei Lehrjahren.
CORNWALL Sagt jetzt, wie euer Streit begann.
OSWALD Dieser antike Rohling, Sir, dessen Leben ich nur um seines grauen Bartes willen verschont habe –
KENT Du Hurensohn von einem Z! Du Schlußbuchstabe! Mylord, wenn Ihr erlaubt, stampfe ich dieses Weichei zu Mörtel und verputze mit ihm eine Scheißhauswand. Meinen grauen Bart verschont, du Wippsterz?
CORNWALL Still jetzt, Freundchen! Du Viechskerl, kennst du keine Höflichkeit?
KENT Doch, Sir, aber die Wut hat den Vortritt.
CORNWALL Warum bist du wütend?
KENT Weil so ein Schuft wie der hier zwar ein Schwert hat
Aber keine Ehre. Diese Blender
Durchnagen oft, wie Ratten, fromme Kordeln
Die zu fest verschlungen sind, um sie
Zu lösen, tun mit jeder Wallung schön
Die das Wesen ihrer Lords heimsucht:
Sind Öl für's Feuer, Eis für kältre Mienen
Sie raten ab, sie raten zu und drehen
Als Wettergockel sich nach Lust und Laune
Ihrer Herren, sich auf nichts verstehend
Als ihnen, Hunden gleich, bei Fuß zu trotten.
Die Pest in deine feixende Visage!
Begrinst du, als sei ich ein Narr, mein Reden?
Du Gänschen, fing ich dich auf Sarums Wiesen
Dann hing ein Spieß für dich in Camelots Küche.
CORNWALL Wie? Bist du von Sinnen, alter Zausel?
GLOSTER Was brachte euch in Streit? Berichte uns.
KENT Nichts auf der Welt strebt stärker auseinander
Als ich und solch ein Schuft.

Corn. Why do'st thou call him Knaue?
What is his fault?
Kent. His countenance likes me not.
Cor. No more perchance do's mine, nor his, nor hers.
Kent. Sir, 'tis my occupation to be plaine,
I haue seene better faces in my time,
Then stands on any shoulder that I see
Before me, at this instant.
Corn. This is some Fellow,
Who hauing beene prais'd for bluntnesse, doth affect
A saucy roughnes, and constraines the garb
Quite from his Nature. He cannot flatter he,
An honest mind and plaine, he must speake truth,
And they will take it so, if not, hee's plaine.
These kind of Knaues I know, which in this plainnesse
Harbour more craft, and more corrupter ends,
Then twenty silly-ducking obseruants,
That stretch their duties nicely.

Kent. Sir, in good faith, in sincere verity,
Vnder th'allowance of your great aspect,
Whose influence like the wreath of radient fire
On flicking *Phoebus* front.
Corn. What mean'st by this?
Kent. To go out of my dialect, which you discommend so much; I know Sir, I am no flatterer, he that beguild you in a plaine accent, was a plaine Knaue, which for my part I will not be, though I should win your displeasure to entreat me too't.

Corn. What was th'offence you gaue him?
Ste. I neuer gaue him any:

CORNWALL   Wieso ein Schuft?
  Was hat er falsch gemacht?
KENT   Er sieht falsch aus.
CORNWALL So wie ich vielleicht, und er, und sie?
KENT Sir, ich bin ehrlich von Beruf, ich habe
  Zeit meines Lebens schon viel bessre Köpfe
  Auf Schultern sitzen sehn als diese hier.

CORNWALL Der ward wohl früh gelobt für seinen Freimut
  Und nun bläst er den auf zu grober Frechheit
  Und erhebt das zum Charakterzug:
  Er kann nicht schmeicheln, er, ein schlichtes
  Und biederes Gemüt, sagt stets die Wahrheit
  Und alle Welt nimmts hin: falls einmal nicht
  Trägt seine Biederkeit die Schuld. Ich kenne
  Die Sorte Gauner, ihre Biederkeit
  Beherbergt weit mehr Hinterlist und Tücke
  Als in zwanzig Speichelleckern steckt
  Die ihr Gewerbe fleißig übertreiben.
KENT Sir, in Treu und Glauben, echter Inbrunst
  Mit Erlaubnis Eurer Himmelsstellung
  Deren Einfluß wie der Strahlenkranz
  Um Phoebus' Flammenstirn –
CORNWALL   Was soll mir das?
KENT Euch eine andre Mundart vorführen als die, die ihr so
  sehr verabscheut. Ich weiß, Sir, ich bin kein Schmeichler;
  der Euch mit seinem braven Tonfall täuschte, war ein braver
  Heuchler, der ich für mein Teil auf keinen Fall sein will,
  brächte ich auch Euren Abscheu soweit, mich dazu zu er-
  muntern.
CORNWALL Wie habt Ihr ihn beleidigt?
OSWALD   Keine Ahnung.

It pleas'd the King his Master very late
To strike at me vpon his misconstruction,
When he compact, and flattering his displeasure
Tript me behind: being downe, insulted, rail'd,
And put vpon him such a deale of Man,
That worthied him, got praises of the King,
For him attempting, who was selfe-subdued,
And in the fleshment of this dead exploit,
Drew on me here againe.

Kent. None of these Rogues, and Cowards
But *Aiax* is there Foole.

Corn. Fetch forth the Stocks?
You stubborne ancient Knaue, you reuerent Bragart,
Wee'l teach you.
Kent. Sir, I am too old to learne:
Call not your Stocks for me, I serue the King.
On whose imployment I was sent to you,
You shall doe small respects, show too bold malice
Against the Grace, and Person of my Master,
Stocking his Messenger.
Corn. Fetch forth the Stocks;
As I haue life and Honour, there shall he sit till Noone.
Reg. Till noone? till night my Lord, and all night too.

Kent. Why Madam, if I were your Fathers dog,
You should not vse me so.
Reg. Sir, being his Knaue, I will. *Stocks brought out.*
Cor. This is a Fellow of the selfe same colour,
Our Sister speakes of. Come, bring away the Stocks.

Dem König, seinem Herrn, gefiel es kürzlich
Nach einem Mißverständnis, mich zu schlagen
Worauf er, bemüht, der hohen Ungunst
Zu gefallen, mich von hinten umtrat
Als ich fiel, mich schmähte und verhöhnte
Und sich als Held aufspielte, der vom König
Lob einheimste dafür, daß er einen
Der schon am Boden lag, mißhandelte.
Und weil er bei der Großtat Blut geleckt hat
Zieht er hier wiedrum gegen mich.
KENT   Die Gauner
Und die Frösche hier, sie lassen selbst
Das Großmaul Ajax alt aussehn.
CORNWALL   Den Block her!
Du sturer alter Bock, du Obergroßmaul
Wir lehren dich –
KENT   Ich bin zu alt zum Lernen
Sir, ruft nicht nach dem Block für mich: ich diene
Dem König, der an Euch mich abgesandt.
Respekt erzeigt ihr wenig, Bosheit viel
Vor der Person und Hoheit meines Herrn
Schließt ihr seinen Boten in den Block.
CORNWALL Holt den Block! Bei meines Lebens Ehre
Da sitzt er mir bis Mittag.
REGAN   Nur bis Mittag?
Bis Mitternacht, Mylord; ab da bis Mittag.
KENT Käme ich als Eures Vaters Hund
Ihr dürftet, Madam, so mich nicht behandeln.
REGAN Sir, als sein Lakai kommt Ihr, drum tu ichs.
CORNWALL Das ist ein Kerl von eben jener Machart
Die deine Schwester uns beschreibt. Den Block!
Der Block wird gebracht.

Glo. Let me beseech your Grace, not to do so,
   The King his Master, needs must take it ill
   That he so slightly valued in his Messenger,
   Should haue him thus restrained.

Cor. Ile answere that.
Reg. My Sister may recieue it much more worsse,
   To haue her Gentleman abus'd, assaulted
   For following her affaires, put in his legges.
Corn. Come my Lord, away.   *Exit.*

Glo. I am sorry for thee friend, 'tis the Duke pleasure,
   Whose disposition all the world well knowes
   Will not be rub'd nor stopt, Ile entreat for thee.

Kent. Pray do not Sir, I haue watch'd and trauail'd hard,
   Some time I shall sleepe out, the rest Ile whistle:
   A good mans fortune may grow out at heeles:
   Giue you good morrow.

Glo. The Duke's too blame in this,
   'Twill be ill taken.   *Exit.*
Kent. Good King, that must approue the common saw,
   Thou out of Heauens benediction com'st
   To the warme Sun.
   Approach thou Beacon to this vnder Globe,
   That by thy comfortable Beames I may
   Peruse this Letter. Nothing almost sees miracles
   But miserie. I know 'tis from *Cordelia*,
   Who hath most fortunately beene inform'd
   Of my obscured course. And shall finde time
   From this enormous State, seeking to giue

GLOSTER Laßt mich Euer Gnaden bitten, das
   Nicht zu tun. Sehr übelnehmen muß es
   Der König, sich in seinem Boten so
   Gering geschätzt zu sehen, daß man ihn
   Auf die Art festsetzt.
CORNWALL   Das vertrete ich.
REGAN Meine Schwester nähme es weit übler
   In ihrer Sache Ihren Haushofmeister
   So geschmäht zu sehen. Schließt ihn ein.
CORNWALL Kommt, Lord, hinweg.
              Cornwall, Regan ab.
GLOSTER Es ist mir leid um dich, mein Freund. Der Herzog
   Genießt das, und wie alle Welt weiß, läßt sich
   Sein Wesen nicht begütigen noch ändern.
   Ich lege ein Wort ein für dich.
KENT   Tut's nicht, Sir.
   Kein Auge hab ich zugemacht seit längrem;
   Die erste Runde dös ich weg, dann pfeif ich:
   Selbst Hans im Glück büßt manchmal 'n Absatz ein.
   Angenehme Nacht noch.
GLOSTER Der Herzog tut nicht recht; das hat ein Nachspiel.
              Ab.
KENT Nun, guter König, trittst du wie im Sprichwort
   Aus Gottes Segen in die warme Sonne.
   Von hinterm Erdball steig herauf, du Leuchte
   Daß ich bei deinen morgenfrohen Strahlen
   Den Brief hier lesen kann. So ziemlich nichts sonst
   Erblickt noch Wunder als das Elend: ich
   Weiß, ihn schreibt Cordelia, sie wurde
   Über meine insgeheime Wandlung
   Sehr glücklich unterrichtet: und sie findet
   Zeit und Wege, die Verluste dieses

Losses their remedies. All weary and o're-watch'd,
Take vantage heauie eyes, not to behold
This shamefnll lodging. Fortune goodnight,
Smile once more, turne thy wheele.

Enter Edgar.

Edg. I heard my selfe proclaim'd,
    And by the happy hollow of a Tree,
    Escap'd the hunt. No Port is free, no place
    That guard, and most vnusall vigilance
    Do's not attend my taking. Whiles I may scape
    I will preserue myselfe: and am bethought
    To take the basest, and most poorest shape
    That euer penury in contempt of man,
    Brought neere to beast; my face Ile grime with filth,

    Blanket my loines, elfe all my haires in knots,
    And with presented nakednesse out-face
    The Windes, and persecutions of the skie;

    The Country giues me proofe, and president
    Of Bedlam beggers, who with roaring voices,
    Strike in their num'd and mortified Armes.
    Pins, Wodden-prickes, Nayles, Sprigs of Rosemarie:

    And with this horrible obiect, from low Farmes,
    Poore pelting Villages, Sheeps-Coates, and Milles,
    Sometimes with Lunaticke bans, sometime with Praiers

Gewaltigen Schlamassels wettzumachen.
Müde, wie ihr seid, und überwacht
Nutzt euren Vorteil, schwere Augen, schließt euch
Vor diesem schändlichen Logis. Fortuna
Lächle doch mal wieder; dreh dein Rad!

II, 3

Edgar.

EDGAR Ich hörte meinen Namen ausgeschrien
   Und in einem hohlen Baum entrann ich
   Mit Glück der Hatz. Kein Hafen frei, kein Ort
   An dem nicht Posten und verstärkter Wachdienst
   Drauf warten, mich zu schnappen. Doch solang ich
   Frei bin, gebe ich nicht auf. Ich habe vor
   Die ärmlichste Gestalt mir zuzulegen
   Durch die je Notdurft in der Menschen Achtung
   Herabgestuft ward bis zum Tierischen:
   Ich beschmiere mein Gesicht mit Schmutz
   Ich schlinge mir ein Tuch um meine Lenden
   Mein Haar soll in verfilzten Zotteln hängen
   Und in blanker Nacktheit will ich mich
   Dem Wind und all den andren Widrigkeiten
   Des Himmels widersetzen. Diese Gegend
   Ist reich an vorbildlichen Irrenhäusern
   Die kreischend sich in ihre dürren, toten
   Bloßen Arme Nadeln bohren, Splitter
   Nägel, abgerissnen Rosmarin
   Und ihren Schreckensanblick nutzen, um
   Vor schiefen Hütten in verfallnen Dörfern
   Zwischen Schafsgehegen sich und Mühlen

Inforce their charitie: poore *Turlygod* poore *Tom*,
That's something yet: *Edgar* I nothing am.   *Exit.*

Enter Lear, Foole, and Gentleman.

Lea. 'Tis strange that they should so depart from home,
And not send backe my Messengers.
Gent. As I learn'd,
The night before, there was no purpose in them
Of this remoue.
Kent. Haile to thee Noble Master.
Lear. Ha? Mak'st thou this shame thy pastime?
Kent. No my Lord.
Foole. Hah, ha, he weares Cruell Garters Horses are
tide by the heads, Dogges and Beares by'th'necke,
Monkies by'th'loynes, and Men by'th'legs: when a man
ouerlustie at legs, then he weares wodden nether-stocks.

Lear. What's he,
That hath so much thy place mistooke
To set thee heere?
Kent. It is both he and she,
Your Son, and Daughter.
Lear. No.
Kent. Yes.
Lear. No I say.
Kent. I say yea.
Lear. By *Iupiter* I sweare no.
Kent. By *Iuno*, I sweare I.

Mit bizarren Flüchen und Gebeten
Almosen zu erpressen. Armer Tom!
Das ist doch was: als Edgar bin ich nichts.

II, 4

Lear, Narr, Edelmann.

LEAR 's ist seltsam, daß sie so das Haus verlassen
  Und meinen Boten mir nicht wiedersenden.
EDELMANN Die Nacht zuvor, gabs, hör ich, keinen Plan
  Für diesen Ausflug.

KENT   Heil dir, edler Herr.
LEAR Ha? Treibst du mit der Schande Scherz?
KENT   Nein, Herr.
NARR Ha, ha! Was für grausame Strumpfbänder er trägt!
  Pferde bindet man am Kopf an, Hunde und Bären am
  Hals, Affen an den Bäuchen und Menschen an den Füßen.
  Ist wer als Mann zu munter auf den Beinen, kriegt er So-
  cken vom Tischler.
LEAR Wer wars, der deinen Rang so sehr verkannte
  Und dich hier hinsetzt?

KENT   's waren er und sie:
  Tochtermann und Tochter. Eure.
LEAR   Nein.
KENT Ja.
LEAR   Nein, sag ich.
KENT   Ich sage ja.
LEAR Bei Jupiter, ich schwöre, nein.
KENT   Bei Juno

Lear. They durst not do't:
   They could not, would not do't: 'tis worse then murther,
   To do vpon respect such violent outrage:
   Resolue me with all modest haste, which way
   Thou might'st deserue, or they impose this vsage,
   Comming from vs.

Kent. My Lord, when at their home
   I did commend your Highnesse Letters to them,
   Ere I was risen from the place, that shewed
   My dutie kneeling, came there a reeking Poste,
   Stew'd in his haste, halfe breathlesse, painting forth
   From *Gonerill* his Mistris, salutations;
   Deliuer'd Letters spight of intermission,

   Which presently they read; on those contents
   They summon'd vp their meiney, straight tooke Horse,
   Commanded me to follow, and attend
   The leisure of their answer, gaue me cold lookes,
   And meeting heere the other Messenger,
   Whose welcome I perceiu'd had poison'd mine,
   Being the very fellow which of late
   Displaid so sawcily against your Highnesse,
   Hauing more man then wit about me, drew;
   He rais'd the house, with loud and coward cries,
   Your Sonne and Daughter found this trespasse worth
   The shame which heere it suffers.

Ich schwöre ja.
LEAR   Sie wagten's nicht, sie
   Könnten's nicht, sie würden das nicht tun:
   's ist schlimmer als ein Mord, die Ehrfurcht mir
   So mit Bedacht zu schänden. Du erkläre
   Mir in gemessner Eile, wieso du
   Abgesandt von Uns, dir diesen Umgang
   Verdient hast oder sie ihn dir verhängten.
KENT Mylord, ich hatte kaum in ihrem Haus
   Die Schreiben Eurer Hoheit übergeben
   Als schon (ich kniete noch, wie Pflicht befahl)
   Ein dampfender Kurier hereingestapft kam
   Gekocht in Eile, atemlos die Grüße
   Gonerils ausstoßend, seiner Herrin;
   Ohne Rücksicht auf die Unterbrechung
   Übergab er Briefe, welche auch
   Sogleich gelesen wurden: was da stand
   Ließ sie das Personal zusammentrommeln
   Stracks auf ihre Pferde steigen, mir
   Den Befehl erteilen, nachzufolgen
   Und Antwort abzuwarten; kalte Blicke
   Gaben sie mir obendrauf. Und als ich
   Dann hier den andern Boten traf, den, dessen
   Mission die meine mir verdarb, den Burschen
   Der sich kürzlich gegen Eure Hoheit
   So unverschämt benahm, da fühlte ich
   Mehr Zorn als Zahmheit und zog blank:
   Der Feigling schreit das ganze Haus zusammen
   Und Euer Schwiegersohn und Eure Tochter
   Hielten diesen Übergriff für würdig
   Der Schande, die er hier erdulden muß.

Foole. Winters not gon yet, if the wil'd Geese fly that way,
Fathers that weare rags, do make their Children blind,
But Fathers that beare bags, shall see their children kind.

Fortune that arrant whore, nere turns the key to th'poore.

But for all this thou shalt haue as many Dolors for thy
Daughters, as thou canst tell in a yeare.

Lear. Oh how this Mother swels vp toward my heart!
Historica passio, downe thou climing sorrow,
Thy Elements below where is this Daughter?
Kent. With the Earle Sir, here within.
Lear. Follow me not, stay here.   *Exit.*
Gen. Made you no more offence,
But what you speake of?
Kent. None:
How chance the the King comes with so small a number?
Foole. And thou hadst beene set i'th'Stockes for that
question, thoud'st well deseru'd it.
Kent. Why Foole?
Foole. Wee'l set thee to schoole to an Ant, to teach
thee ther's no labouring i'th'winter. All that follow their
noses, are led by their eyes, but blinde men, and there's
not a nose among twenty, but can smell him that's stinking; let go thy hold, when a great wheele runs downe a
hill, least it breake thy necke with following. But the
great one that goes vpward, let him draw thee after:
when a wiseman giues thee better counsell giue me mine
againe, I would hause none but knaues follow it, since a
Foole giues it.

NARR Bloß weil die Gänse da lang fliegen, is der Winter nich
   Väter, die in Lumpen laufen   [rum.
      Machen ihre Kinder blind
   Väter, die viel Spielzeug kaufen
      Haben stets ein gutes Kind.
   Fortuna, dieser Hurenrüssel
   Dreht nie den Armen ihren Schlüssel.
  Aber zum Ausgleich wirst du für deine Töchter soviel
  Schmerzensgeld einsacken, daß du ein Jahr zum Zählen
  brauchst.
LEAR O, wie das Mutterweh das Herz mir drückt!
  Hysterica passio! Abwärts, steigendes Ziehen!
  Dein Ort sitzt tiefer. Wo ist diese Tochter?
KENT Beim Grafen, Sir, im Haus.
LEAR   Kommt mir nicht nach. *Ab.*
NARR Mehr als Ihr sagt, habt Ihr nicht angestellt?

KENT Nichts. Wieso kommt der König mit so wenig Leuten?

NARR Wärste für die Frage in 'n Block gesetzt worden, dann
  hättstes verdient.
KENT Wieso das, Narr?
NARR Wir schicken dich zur Ameise in die Schule, da lernst
  du, dasses im Winter nix zum Sammeln nich gibt; alle, die
  ihrer Nase nachgehn, werden von ihren Augen gelenkt, außer die Blinden, und von zwanzig blinden Nasen riecht jede
  den, der stinkt. Ein großes Rad laß los, wenn's den Berg
  runterrollt, damit du dir beim Mitlaufen nicht das Genick
  brichst, aber geht es mit dem großen Rad bergauf, laß dich
  mitziehn. Gibt dir 'n Neunmalkluger 'n bessern Rat, gibst
  du mir meinen zurück; ich will, daß nur Deppen ihn beherzigen, weil er von 'nem Narren stammt.

That Sir, which serues and seekes for gaine,
And followes but for forme;
Will packe, when it begins to raine,
And leaue thee in the storme,
But I will tarry, the Foole will stay,
And let the wiseman flie:
The knaue turnes Foole that runnes away,
The Foole noknaue perdie.
Enter Lear, and Gloster:
Kent. Where learn'd you this Foole ?
Foole. Not i'th'Stocks Foole.

Lear. Deny to speake with me ?
They are sicke, they are weary,
They haue trauail'd all the night? meere fetches,
The images of reuolt and flying off.
Fetch me a better answer.
Glo. My deere Lord,
You know the fiery quality of the Duke,
How vnremoueable and fixt he is
In his owne course.
Lear. Vengeance, Plague, Death, Confusion:
Fiery? What quality? Why *Gloster*, *Gloster*,
I'ld speake with the Duke of *Cornewall*, and his wife.
Glo. Well my good Lord, I haue inform'd them so.
Lear. Inform'd them? Do'st thou vnderstand me man.
Glo. I my good Lord.

Lear. The King would speake with *Cornwall*,
The deere Father
Would with his Daughter speake, commands, tends, ser-
Are they inform'd of this? My breath and blood: (uice,

> Der Sir, der aus Berechnung Knecht wird
>   Und buckelt nur zum Schein
> Der packt, sobald das Wetter schlecht wird
>   Und läßt, wenn's stürmt, den Herrn allein.
> Ich halte durch; der Narr bleibt da
>   Und gibt dem Weisen recht
> Der Knecht, der wegrennt, wird ein Narr
>   Kein Narr wird jemals Knecht.

KENT Wo hast du das gelernt, Narr?
NARR Nicht im Block, Narr!
> *Lear, Gloster.*
LEAR Wollen mich nicht sprechen? Sie sind krank?
  Sind erschöpft? Die Nacht hindurch geritten?
  Nichts als Finten sind das, Rauchsignale
  Für Revolte und Mißachtung. Schaff mir
  'ne bessre Antwort.
GLOSTER   Mein verehrter Herr
  Ihr kennt die schnell erhitzte Art des Herzogs
  Und wißt, wie schwer er umzustimmen ist.

LEAR Rache! Pest! Tod! Völlige Verwirrung!
  Schnell erhitzt? Was Art? Wie, Gloster! Gloster!
  Den Herzog will ich sprechen und sein Weib.
GLOSTER Davon habe ich sie informiert.
LEAR Sie informiert? Hörst du mir zu, Mann?
GLOSTER   Ja doch
  Mein bester Herr.
LEAR   Der König will den Herzog
  Von Cornwall sprechen, sprechen will der liebe
  Vater seine Tochter, er befiehlt
  Er zählt auf Folgsamkeit: sind sie auch davon

Fiery? The fiery Duke, tell the hot Duke that——
No, but not yet, may be he is not well,

Infirmity doth still neglect all office,
Whereto our health is bound, we are not our selues,
When Nature being opprest, commands the mind
To suffer with the body; Ile forbeare,

And am fallen out with my more headier will,
To take the indispos'd and sickly fit,
For the sound man. Death on my state: wherefore
Should he sit heere? This act perswades me,
That this remotion of the Duke and her
Is practise only. Giue me my Seruant forth;
Goe tell the Duke, and's wife, Il'd speake with them:
Now, presently: bid them come forth and heare me,

Or at their Chamber doore Ile beate the Drum,
Till it crie sleepe to death.

Glo. I would haue all well betwixt you. *Exit.*
Lear. Oh me my heart! My rising heart! But downe.

Foole. Cry to it Nunckle, as the Cockney did to the
Eeles, when she put 'em i'th'Paste aliue, she knapt 'em
o'th'coxcombs with a sticke, and cryed downe wantons,
downe; 'twas her Brother, that in pure kindnesse to his
Horse buttered his Hay.
    Enter Cornewall, Regan, Gloster, Seruants.
Lear. Good morrow to you both.
Corn. Haile to your Grace. *Kent here set at liberty.*

Informiert? Luft! Blut! Erhitzt? Der schnell
Erhitzte Herzog! Sag dem heißen Herzog –
Nein, noch nicht; mag sein, ihm ist nicht gut:
Erkrankt versäumen wir jedwede Pflicht
Die wir gesund erfüllen; wir sind nicht
Wir selbst, wenn die Natur, bedrängt, den Geist
Dem Leiden unsres Körpers unterjocht.
Ich werde mich gedulden, uneins bin ich
Mit meinem ungestümen Willen, der
Den angeschlagenen, geschwächten Mann
Für den gesunden nimmt. Tod meiner Herrschsucht:
Doch warum sollte er da hocken? Die Attacke
Redet mir erneut zu, ihr Versteckspiel
Ist des Herzogs und der Dame Vorwand.
Gebt meinen Mann mir frei! Geht, sagt dem Herzog
Und seiner Frau, ich wünsche, sie zu sprechen
Und zwar augenblicklich; hier erscheinen
Sollen sie, um mich zu hören. Oder
Ich schlag vor ihrer Kammertür die Trommel
Bis sie den Schlaf zu Tode brüllt.
GLOSTER Ich wünschte, zwischen euch wär alles gut. *Ab.*
LEAR Weh mir! Mein Herz, mein Herz steigt in den Hals.
Hinab damit!
NARR Schreis an, Monkel, wie die Kochmamsell die Aale,
die se lebend inne Pastete tat: sie schlug se mit'm Löffel auf-
fe Köppe und schrie: Hinab mit euch, Kroppzeug, hinab!
Und 's war ihr Bruder, der lieb zu seinem Gaul sein wollte
und ihm den Hafer mit Fett einrieb.
   Cornwall, Regan, Gloster, Dienerschaft.
LEAR Guten Tag, ihr zwei.
CORNWALL   Heil, Euer Gnaden.
   Kent wird befreit.

Reg. I am glad to see your Highnesse.
Lear. *Regan*, I thinke your are. I know what reason
   I haue to thinke so, if thou should'st not be glad,
   I would diuorce me from thy Mother Tombe,
   Sepulchring an Adultresse. O are you free?
   Some other time for that. Beloued *Regan*,
   Thy Sisters naught: oh *Regan*, she hath tied
   Sharpe-tooth'd vnkindnesse, like a vulture heere,
   I can scarce speake to thee, thou'lt not beleeue
   With how deprau'd a quality. Oh *Regan*.

Reg. I pray you Sir, take patience, I haue hope
   You lesse know how to value her desert,
   Then she to scant her dutie.
Lear. Say? How is that?
Reg. I cannot thinke my Sister in the least
   Would faile her Obligation. If Sir perchance
   She haue restrained the Riots of your Followres,
   'Tis on such ground, and to such wholesome end,
   As cleeres her from all blame.

Lear. My curses on her.
Reg. O Sir, you are old,
   Nature in you stands on the very Verge
   Of his confine: you should be rul'd, and led
   By some discretion, that discernes your state
   Better then you your selfe: therefore I pray you,
   That to our Sister, you do make returne,
   Say you haue wrong'd her.
Lear. Aske her forgiuenesse?

REGAN Es freut mich, Eure Hoheit zu erblicken.
LEAR Das, Regan, das denk ich mir, und ich weiß auch
   Welch einen Grund ich habe, das zu denken;
   Denn freute es dich nicht, ich ließe mich
   Vom Grabe deiner Mutter scheiden, da es
   Eine Ehebrecherin beherbergt.
   O! Seid Ihr frei? Doch davon später mehr.
   Geliebte Regan, arg ist deine Schwester:
   O Regan! Sie hat scharf gezahnten Undank
   Gleich einem Geier hier mir festgezurrt
   Kaum daß ich sprechen kann. Du glaubst es nicht
   In welch abschätziger Manier – O Regan!
REGAN Ich bitte, faßt Euch, Sir. Ich hoffe sehr
   Ihr neigt mehr dazu, sie herabzusetzen
   Als sie dazu, mit ihrer Pflicht zu geizen.
LEAR Wie war das?
REGAN   Ich kann nicht glauben, Sir
   Daß meine Schwester auch nur im geringsten
   Ihre Schuldigkeit verabsäumt. Hat sie, Sir
   Etwa die Ausschweifungen Eures Anhangs
   In Schach zu halten sich bemüht, geschah das
   Aus gutem Grund und zu so edlem Zweck
   Daß jeder Tadel an ihr sich erübrigt.
LEAR Ich verfluche sie.
REGAN   O, Ihr seid alt, Sir
   In Euch steht die Natur an ihrer Grenze;
   Euch leiten und Euch lenken sollte Umsicht
   Die Euren Zustand klarer sieht als Ihr
   Drum, bitte, kehrt zurück zu unsrer Schwester
   Sir, entschuldigt Euch.

LEAR   Bei ihr? Nimmst du auch wahr

    Do you but marke how this becomes the house?
    Deere daughter, I confesse that I am old;
    Age is vnnecessary: on my knees I begge,
    That you'l vouchsafe me Rayment, Bed, and Food.
Reg. Good Sir, no more: these are vnsightly trickes:
    Returne you to my Sister.
Lear. Neuer *Regan*:
    She hath abated me of halfe my Traine;
    Look'd blacke vpon me, strooke me with her Tongue
    Most Serpent-like, vpon the very Heart.
    All the stor'd Vengeances of Heauen, fall
    On her ingratefull top: strike her yong bones
    You taking Ayres, with Lamenesse.

Corn. Fye sir, fie.
Le. You nimble Lightnings, dart your blinding flames
    Into her scornfull eyes: Infect her Beauty,
    You Fen-suck'd Fogges, drawne by the powrfull Sunne,
    To fall, and blister.

Reg. O the blest Gods!
    So will you wish on me, when the rash moode is on.
Lear. No *Regan*, thou shalt neuer haue my curse:
    Thy tender-hefted Nature shall not giue
    Thee o're to harshnesse: Her eyes are fierce, but thine
    Do comfort, and not burne. 'Tis not in thee
    To grudge my pleasures, to cut off my Traine,
    To bandy hasty words, to scant my sizes,
    And in conclusion, to oppose the bolt
    Against my comming in. Thou better know'st

    Wie das dem Hause ansteht? Liebe Tochter
    Ich gestehe, ich bin alt; das Alter
    Ist zu nichts gut. Auf den Knien bitt ich
    Mir Kost, Logis und Kleidung zu gewähren.
REGAN Laßt das, bester Sir, 's sind dumme Tricks.
    Kehrt um zu meiner Schwester.
LEAR   Niemals, Regan.
    Sie hat mir meinen halben Trupp gekürzt
    Hat mich finster angeschaut, stach mich
    Mit ihrer Zunge äußerst schlangenmäßig
    Geradewegs ins Herz! Was immer du
    An Rachsucht hortest, Himmel, falle ihr
    Auf ihren undankbaren Kopf. Ihr Lüfte
    Ihr giftigen, schlagt ihr die jungen Glieder
    Mit Lähmung.
REGAN   Pfui, Sir, pfui!
LEAR   Ihr jähen Blitze
    Mit eurem grellen Zucken blendet ihre
    Hochmutsblicke! Sonne, machtvoll sauge
    Aus den Sümpfen giftgetränkte Nebel
    Bis ihre Schönheit Blasen wirft und sie
    Vor Eiter platzt.
REGAN   O, bei den guten Göttern!
    Das gleiche wünscht Ihr mir, wenn es Euch packt.
LEAR Nein, Regan, niemals will ich dich verfluchen:
    Dein zart gefaßtes Wesen liefert dich
    Keiner Grobheit aus; ihr Blick ist stechend
    Der deine heilt, statt zu entzünden. Nicht in dir
    Ist's angelegt, mir Freuden zu mißgönnen
    Den Troß mir zu beschneiden, Wortgefechte
    Mit mir auszutragen, meine Renten
    Mir herabzusetzen, und am Ende

The Offices of Nature, bond of Childhood,
   Effects of Curtesie, dues of Gratitude:
   Thy halfe o'th'Kingdome hast thou not forgot,
   Wherein I thee endow'd.

Reg. Good Sir, to'th'purpose.   *Tucket within.*
Lear. Who put my man i'th'Stockes?

Enter Steward.

Corn. What Trumpet's that?
Reg. I know't, my Sisters: this approues her Letter,
   That she would soone be heere. Is your Lady come?

Lear. This is a Slaue, whose easie borrowed pride
   Dwels in the sickly grace of her he followes.
   Out Varlet, from my sight.

Corn. What meanes your Grace?

Enter Gonerill.

Lear. Who stockt my Seruant? *Regan*, I haue good hope
   Thou did'st not know on't.
   Who comes here? O Heauens!

   If you do loue old men; if your sweet sway
   Allow Obedience; if you your selues are old,
   Make it your cause: Send downe, and take my part.

   Art not asham'd to looke vpon this Beard?
   O *Regan*, will you take her by the hand?

Gegen mich den Riegel aufzubieten.
Die Ämter der Natur, du kennst sie besser
Der Kindschaft Band, die Wirkung des Respekts
Die Dankesschuld; du hast noch nicht vergessen
Daß ich das halbe Reich dir übergab.
REGAN Sir, zur Sache.
LEAR　　　　　　Wer schloß meinen Boten
In den Block?
Fanfare.
CORNWALL　　Welch ein Signal ist das?
REGAN Ich weiß, 's ist meine Schwester; angekündigt
Hat mir ihr Brief, daß sie bald hier sein würde.
Oswald.

Ist Eure Herrin da?
LEAR　　　　　Der ist ein Gauner
Dessen aus der Luft gegriffne Hoffart
In ihrer Gnade nistet, der er nachläuft.
Hinweg, mir aus den Augen, Kerl!
CORNWALL　　　　　　　Wie meinen
Euer Gnaden?

LEAR　　　Meinen Boten, wer
Schloß ihn in den Block? Noch hoff ich, Regan
Du wußtest nichts. Wer kommt da?
Goneril.
　　　　　　　　　O, ihr Himmel
Wenn ihr uns Alte liebt, wenn euer sanftes
Regiment auf dem Gehorsam ruht
Wenn ihr selbst alt seid, dann sendet Beistand
Und macht meine Sache zu der euren.
Beschämt mein Bart dich nicht? O, Regan
Du nimmst sie bei der Hand?

Gon. Why not by'th'hand Sir? How haue I offended?
  All's not offence that indiscretion findes,
  And dotage termes so.

Lear. O sides, you are too tough!
  Will you yet hold?
  How came my man i'th'Stockes?
Corn. I set him there, Sir: but his owne Disorders
  Deseru'd much lesse aduancement.

Lear. You? Did you?
Reg. I pray you Father being weake, seeme so.
  If till the expiration of your Moneth
  You will returne and soiourne with my Sister,

  Dismissing halfe your traine, come then to me,
  I am now from home, and out of that prouision
  Which shall be needfull for your entertainement.

Lear. Returne to her? and fifty men dismiss'd?
  No, rather I abiure all roofes, and chuse
  To wage against the enmity oth'ayre,
  To be a Comrade with the Wolfe, and Owle,
  Necessities sharpe pinch. Returne with her?
  Why the hot-bloodied *France*, that dowerlesse tooke
  Our yongest borne, I could as well be brought
  To knee his Throne, and Squire-like pension beg,
  To keepe base life a foote; returne with her?
  Perswade me rather to be slaue and sumpter
  To this detested groome.

GONERIL   Sir, warum soll sie
  Mich bei der Hand nicht nehmen? Worin hätte
  Ich gefrevelt? Frevel ist nicht alles
  Was Jähzorn dafür hält und Altersschwäche
  Als solchen ansieht.
LEAR   O, ihr Rippen! Sprengt
  Euch das nicht? Ihr seid zu starr! Wie kam
  Mein Mann hier in den Block?
CORNWALL   Ich schloß ihn fest;
  Doch seine Unbotmäßigkeiten hatten
  So viel Entgegenkommen nicht verdient.
LEAR Ihr? Ihr wart das?
REGAN   Ich muß doch bitten, Vater
  Wollt Ihr schwach sein, scheint auch so. Habt Ihr
  Euch erst bereit erklärt, zurückzukehren
  Und bis zum Ablauf Eures ersten Urlaubs
  Bei meiner Schwester Unterkunft zu suchen
  Euren halben Troß entlassend, dann
  Kommt Ihr zu mir. Nur jetzt bin ich nicht da
  Und von allen Mitteln abgeschnitten
  Die nötig sind, um Euch zu unterhalten.
LEAR Zurück zu ihr? Und fünfzig Mann entlassen?
  Nein, eher schwör ich allen Dächern ab
  Und nehm es mit der Feindschaft auf des Wetters
  Bin Wolf und Eule ein Genosse, wähle
  Den scharfen Stich der Not! Zu ihr zurück?
  Da knie ich doch lieber vor dem Thron
  Des amourösen Frankreich, der die Jüngste
  Ohne alle Mitgift nahm und bettle
  Wie ein Hintersasse um ein Ruhgeld
  Mein karges Dasein zu verlängern. Umkehr
  Zu ihr? Dann sag doch gleich: als Knecht und Lasttier
  Stehst du nun dem Hampelmann zu Diensten.

Gon. At your choice Sir.
Lear. I prythee Daughter do not make me mad,
   I will not trouble thee my Child; farewell:
   Wee'l no more meete, no more see one another.
   But yet thou art my flesh, my blood, my Daughter,
   Or rather a disease that's in my flesh,
   Which I must needs call mine. Thou art a Byle,
   A plague sore, or imbossed Carbuncle
   In my corrupted blood. But Ile not chide thee,
   Let shame come when it will, I do not call it,
   I do not bid the Thunder-bearer shoote,

   Nor tell tales of thee to high-iudging *Ioue*,

   Mend when thou can'st, be better at thy leisure,
   I can be patient, I can stay with *Regan*,
   I and my hundred Knights.

Reg. Not altogether so,
   I look'd not for you yet, nor am prouided
   For your fit welcome, giue eare Sir to my Sister,
   For those that mingle reason with your passion,
   Must be content to thinke you old, and so,
   But she knowes what she doe's.

Lear. Is this well spoken?

Reg. I dare auouch it Sir, what fifty Followers?
   Is it not well? What should you need of more?
   Yea, or so many? Sith that both charge and danger,

GONERIL Ganz wie Ihr wünscht.
LEAR   Ich fleh dich an, mein Kind
  Treib mich nicht in den Wahnsinn; lebe wohl!
  Ich will dir keinen Ärger machen, Tochter
  Wir treffen uns nie wieder, sehn uns nie mehr.
  Und doch bist du mein Fleisch und Blut, mein Kind
  Oder für mein Fleisch bist du die Krankheit
  Die ich folglich meine nennen muß
  Die Eiterbeule bist du, bist der Ausschlag
  Bist der aufgeschwollene Furunkel
  In meinem schlechten Blut. Doch will ich dich
  Nicht schelten: Scham mag kommen, wann sie will
  Ich rufe nicht nach ihr; dem Blitzeschleudrer
  Nenne ich kein Ziel, noch werde ich
  Vor seinem hohen Richtstuhl von dir schwatzen.
  Wenn du es kannst, dann heile dich, gesunde
  Wann es dir paßt. Ich kann geduldig sein.
  Ich kann bei Regan wohnen, ich und meine
  Hundert Ritter.
REGAN   Leider nicht. Ich habe
  Noch nicht mit Euch gerechnet, und ich bin
  Für Euren angemessenen Empfang
  Nicht präpariert, Sir. Hört auf meine Schwester
  Wer Euren Zirkus aus Distanz betrachtet
  Der denkt sich nur, Ihr seid halt alt und so –
  Doch sie weiß, was zu tun ist.
LEAR   Hältst du das
  Für schön gesagt?
REGAN   Ich bin so kühn, Sir. Was denn:
  Fünfzig Mann Gefolge? Ist das nicht schön?
  Wozu braucht Ihr mehr? Ja, oder die selbst
  Wo doch der Aufwand und der Ärger gegen

Speake 'gainst so great a number? How in one house
Should many people, vnder two commands
Hold amity? 'Tis hard, almost impossible.

Gon. Why might not you my Lord, receiue attendance
From those that she cals Seruants, or from mine?

Reg. Why not my Lord?
If then they chanc'd to slacke ye,
We could comptroll them; if you will come to me,
(For now I spie a danger) I entreate you
To bring but fiue and twentie, to no more
Will I giue place or notice.

Lear. I gaue you all.

Reg. And in good time you gaue it.

Lear. Made you my Guardians, my Depositaries,
But kept a reseruation to be followed
With such a number? What, must I come to you
With fiue and twenty? *Regan*, said you so?

Reg. And speak't againe my Lord, no more with me.

Lea. Those wicked Creatures yet do look wel fauor'd
When others are more wicked, not being the worst
Stands in some ranke of praise, Ile go with thee,
Thy fifty yet doth double fiue and twenty,
And thou art twice her Loue.

Gon. Heare me my Lord;
What need you fiue and twenty? Ten? Or fiue?
To follow in a house, where twice so many

Die große Anzahl sprechen? Frieden halten
Wie ist das in einem Haus mit zwei
Kommandos bei so vielen Leuten machbar?
's ist schwer, wenn nicht unmöglich.
GONERIL Wieso kann Euch
Mylord, nicht ihre Dienerschaft versorgen
Oder meine?
REGAN Wieso nicht, Mylord?
Kommt Euch einer dumm, dann bringen wir
Ihn zur Raison. Zieht Ihr zu mir, ersuch ich Euch
(Denn langsam wittre ich Gefahr), bringt nur noch
Fünfundzwanzig mit, denn für nicht mehr
Gibt es Platz bei mir und Futter.
LEAR Ich
Gab euch alles.
REGAN Und zur rechten Zeit.
LEAR Ich machte euch zu meinen Rechtehaltern
Meinen Überwachern, und behielt mir
Nur ein Gefolge dieser Größe vor
Und nun soll ich mit fünfundzwanzig kommen?
Regan, hast du das gesagt?
REGAN Und sag es
Nochmal, Mylord: bei mir nicht einen drüber.
LEAR Ein tückisches Geschöpf verschönert sich
Wenn ein zweites es an Tücke übertrifft;
Die Schlimmste nicht zu sein, verdient schon beinah
Etwas wie Lob. Ich will mit dir gehn; deine
Fünfzig doppeln fünfundzwanzig, also
Bin ich dir zweifach lieb.
GONERIL Hört mich, Mylord:
Was braucht ihr fünfundzwanzig, zehn, ja fünf
In einem Haus, in dem zweimal so viele

Haue a command to tend you?
Reg. What need one?
Lear. O reason not the need: our basest Beggers
Are in the poorest thing superfluous.
Allow not Nature, more then Nature needs:
Mans life is cheape as Beastes. Thou art a Lady;
If onely to go warme were gorgeous,
Why Nature needs not what thou gorgeous wear'st,
Which scarcely keepes thee warme, but for true need:
You Heauens, giue me that patience, patience I need,
You see me heere (you Gods) a poore old man,
As full of griefe as age, wretched in both,
If it be you that stirres these Daughters hearts
Against their Father, foole me not so much,
To beare it tamely: touch me with Noble anger,
And let not womens weapons, water drops,
Staine my mans cheekes. No you vnnaturall Hags,
I will haue such reuenges on you both,

That all the world shall—— I will do such things,
What they are yet, I know not, but they shal be
The terrors of the earth? you thinke Ile weepe,
No, Ile not weepe, I haue full cause of weeping.

Storme and Tempest.
But this heart shal break into a hundred thousand flawes
Or ere Ile weepe; O Foole, I shall go mad.   *Exeunt.*

Corn. Let vs withdraw, 'twill be a Storme.
Reg. This house is little, the old man an'ds people,
Cannot be well bestow'd.
Gon. 'Tis his owne blame hath put himselfe from rest,

Zu Euren Diensten stehn?
REGAN   Was braucht Ihr einen?
LEAR O, streitet nicht ums brauchen: noch der Ärmste
Hat einen Überfluß an ärmsten Dingen;
Gib der Natur nur, was Natur nur braucht
Und der Mensch lebt preiswert wie ein Tier.
Wäre, sich bloß warm zu halten, Luxus
Braucht nicht Natur den Luxus, der dich kleidet
Und kaum warm hält. Was ich brauche, ist
Ihr Himmel, Langmut; Langmut brauche ich!
Ihr Götter, seht mich hier, ein armer Alter
An Leid reich wie an Jahren, schwach durch beides:
Seid ihrs, die dieser Töchter Herz aufstacheln
Gegen ihren Vater, narrt mich nicht
Mit zager Duldsamkeit, weckt noblen Zorn
Und laßt nicht zu, daß Augenwasser, Waffe
Von Weibern, mir den Bart betropft. Nicht doch
Ihr Hexen jenseits der Natur, ich werde
An euch beiden solche Rache nehmen
Daß alle Welt – ich tue solche Dinge
Noch weiß ich, was es sein wird, nicht, doch wird es
Der Erde Schrecken sein. Denkt ihr, ich weine?
Nein, ich weine nicht. Zwar habe ich
Zum Weinen gute Gründe, aber eher
            Wind und Sturm.
Bricht dies Herz in hunderttausend Stücke,
Als daß ich's tu. O Narr, mich packt der Wahnsinn.
            Lear, Gloster, Kent, Narr ab.
CORNWALL Gehn wir ins Haus; es zieht ein Sturm herauf.
REGAN Dies Haus ist klein. Es faßt den Alten nicht
Und seinen Haufen.
GONERIL   Er ist selber schuld

And must needs taste his folly.

Reg. For his particular, Ile receiue him gladly,
   But not one follower.
Gon. So am I purpos'd.
   Where is my Lord of *Gloster*?
                    Enter Gloster.
Corn. Followed the old man forth, he is return'd.
Glo. The King is in high rage.
Corn. Whether is he going?
Glo. He cals to Horse, but will I know not whether.

Corn. 'Tis best to giue him way, he leads himselfe.

Gon. My Lord, entreate him by no meanes to stay.
Glo. Alacke the night comes on, and the high windes
   Do sorely ruffle, for many Miles about
   There's scarce a Bush.
Reg. O Sir, to wilfull men,
   The iniuries that they themselues procure,
   Must be their Schoole-Masters: shut vp your doores,
   He is attended with a desperate traine,
   And what they may incense him too, being apt,
   To haue his eare abus'd, wisedome bids feare.
Cor. Shut vp your doores my Lord, 'tis a wil'd night,
   My *Regan* counsels well: come out oth'storme.   *Exeunt.*

Daß er nicht weiß, wohin, und nun die eigne
Tollheit schmecken muß.
REGAN   Was ihn angeht
Ihn nähm ich gerne auf, doch keinen Troßherrn.
GONERIL So geht es mir. Wo ist Mylord von Gloster?

Gloster.

CORNWALL Dem Alten hinterher. Da kommt er schon.
GLOSTER Der König tobt.
CORNWALL   Wo will er hin?
GLOSTER   Aufsitzen läßt er
Und will, ich weiß nicht wohin.
CORNWALL   's ist am besten
Man läßt ihn machen; er befiehlt sich selbst.
GONERIL Mylord, drängt ihn auf keinen Fall, zu bleiben!
GLOSTER Ja, wie, der Himmel dunkelt und der Wind
Nimmt an Stärke zu; und weit und breit
Wächst kaum ein Strauch.
REGAN   O Sir, verbohrten Männern
Sind solche Wunden, die sie selbst sich schlagen
Die besten Lehrer. Schließt ihm Eure Tore:
An seiner Ferse hängt ein Trupp Chaoten
Und was die ihm flüstern, dessen Ohr
Sie gern mißbrauchen, Umsicht muß es fürchten.
CORNWALL Schließt Euer Tor, Mylord, die Nacht wird wild;
Regans Rat ist gut, kommt aus dem Sturm.   *Alle ab.*

Actus Tertius. Scena Prima.

Storme still. Enter Kent, and a Gentleman, seuerally.

Kent. Who's there besides foule weather?
Gen. One minded like the weather, most vnquietly.

Kent. I know you: Where's the King?
Gent. Contending with the fretfull Elements;
  Bids the winde blow the Earth into the Sea,
  Or swell the curled Waters 'boue the Maine,
  That things might change, or cease.
Kent. But who is with him?
Gent. None but the Foole, who labours to out-iest
  His heart-strooke iniuries.
Kent. Sir, I do know you,
  And dare vpon the warrant of my note
  Commend a deere thing to you. There is diuision
  (Although as yet the face of it is couer'd
  With mutuall cunning) 'twixt Albany, and Cornwall:
  Who haue, as who haue not, that their great Starres
  Thron'd and set high; Seruants, who seeme no lesse,

  Which are to France the Spies and Speculations
  Intelligent of our State. What hath bin seene,
  Either in snuffes, and packings of the Dukes,

  Or the hard Reine which both of them hath borne
  Against the old kinde King; or something deeper,
  Whereof (perchance) these are but furnishings.

III, 1

Immer Sturm. Kent, ein Edelmann.

KENT Wer, außer schlechtem Wetter, ist da?
EDELMANN   Einer
   Dem zumut ist wie dem Wetter, stürmisch.
KENT Mir scheint, ich kenne Euch: wo ist der König?
EDELMANN Wetteifert mit den nackten Elementen
   Wünscht, daß der Wind die Erde in die See bläst
   Oder Nasses Trocknes überrollt
   Bis sich die Dinge ändern oder aufhörn.
KENT Doch wer ist bei ihm?
EDELMANN   Nur der Narr, sich mühend
   Ihm seine Vaterwunden wegzuscherzen.
KENT Sir, ich kenne Euch; und will es wagen
   Auf meinen Eindruck hin Euch eine Nachricht
   Von Wichtigkeit anzuvertrauen. Zwietracht
   Herrscht (wenngleich auch ihr Gesicht einstweilen
   Durch wechselweise Hinterlist verlarvt wird)
   Zwischen Albany und Cornwall; beide haben –
   Wie alle, die von ihren großen Sternen
   Erhoben und auf einen Thron gesetzt sind –
   Bedienstete, die mehr zu sein nicht scheinen
   Die aber Frankreich nützlich sind als Spitzel
   Und Spione, unser Land ausforschend.
   Sie meldeten sowohl die Reibereien
   Und die Querelen beider Herzöge
   Als auch das harte Regiment, dem sie
   Den guten alten König unterwerfen
   Oder weiter Reichendes, von dem
   Dies alles nur der Auftakt ist.

Gent. I will talke further with you.

Kent. No, do not:
   For confirmation that I am much more
   Then my out-wall; open this Purse, and take
   What it containes. If you shall see *Cordelia*,
   (As feare not but you shall) shew her this Ring,
   And she will tell you who that Fellow is
   That yet you do not know. Fye on this Storme,
   I will go seeke the King.

Gent. Giue me your hand,
   Haue you no more to say?

Kent. Few words, but to effect more then all yet;
   That when we haue found the King, in which your pain
   That way, Ile this: He that first lights on him,
   Holla the other.   *Exeunt.*

Scena Secunda.

Storme still. Enter Lear, and Foole.

Lear. Blow windes, & crack your cheeks; Rage, blow
   You Cataracts, and Hyrricano's spout,
   Till you haue drench'd our Steeples, drown the Cockes.
   You Sulph'rous and Thought-executing Fires,
   Vaunt-curriors of Oake-cleauing Thunder-bolts,
   Sindge my white head. And thou all-shaking Thunder,
   Strike flat the thicke Rotundity o'th'world,

EDELMANN   Da muß ich
  Mehr von Euch erfahren.
KENT   Nein, nicht jetzt.
  Um die Gewißheit Euch zu geben, daß ich
  Mehr bin, als mein Äußres zeigt, nehmt diese
  Börse samt dem Inhalt an Euch. Trefft Ihr
  Cordelia (was Ihr, keine Sorge, werdet),
  Weist diesen Ring vor, und sie wird Euch sagen
  Wer der Euch Unbekannte ist. Verfluchter
  Sturm! Ich geh den König suchen.
EDELMANN   Gebt mir
  Eure Hand; Ihr wollt noch etwas sagen?
KENT Wenig, doch der Wirkung nach viel mehr
  Als bis hierhin: daß, finden wir den König
  Zu welchem Zweck Ihr den Weg geht, ich diesen
  Der, der ihn zuerst erblickt, den andern
  Herbeiruft.   *Sie gehen ab.*

III, 2

Immer noch Sturm. Lear, Narr.

LEAR Blast, Winde, blast , daß euch die Backen platzen!
  Tobt! Ihr Wassergüsse, Regenstürze
  Erbrecht euch hoch bis an die Kirchturmspitzen
  Ersäuft die Wetterhähne! Schweflige
  Gedankenkurze Blitze, Fahnenträger
  Des Donnerkeils, der Eichenstämme spaltet
  Versengt mein weißes Haar! Und du dann, Donner
  Allerschütternder, platt schlage du mir
  Die feiste Rundheit dieser Welt! Zerschmettre

    Cracke Natures moulds, all germaines spill at once
    That makes ingratefull Man.

Foole. O Nunkle, Court holy-water in a dry house, is
    better then this Rain-water out o' doore. Good Nunkle,
    in, aske thy Daughters blessing, heere's a night pitties
    neither Wisemen, nor Fooles.

Lear. Rumble thy belly full: spit Fire, spowt Raine:
    Nor Raine, Winde, Thunder, Fire are my Daughters;
    I taxe not you, you Elements with vnkindnesse.
    I neuer gaue you Kingdome, call'd you Children;
    You owe me no subscription. Then let fall
    Your horrible pleasure. Heere I stand your Slaue,
    A poore, infirme, weake, and dispis'd old man:
    But yet I call you Seruile Ministers,
    That will with two pernicious Daughters ioyne
    Your high-engender'd Battailes, 'gainst a head
    So old, and white as this. O, ho! 'tis foule.

Foole. He that has a house to put's head in, has a good
    Head-peece:
    The Codpiece that will house, before the head has any;

    The Head, and he shall Lowse: so Beggers marry many.

    The man yt makes his Toe, what he his Hart shold make,

    Shall of a Corne cry woe, and turne his sleepe to wake.

Die Formen der Natur, auf einen Schlag
Schütt all den Samen weg, aus dem der Mensch
Erwächst, der undankbare.
NARR O Monkel, in 'nem trocknen Haus ein klein wenig
Speichel lecken is besser als noch so viel Regen schlucken
hier außentürs. Lieber Monkel, nix wie 'rein und die
Töchter um Gnade angebettelt; das is 'ne Nacht, die hat
weder für Weise was übrig, noch für Narren.
LEAR Rumpel dir den Bauch voll! Speie Flammen!
Spuck Wasserfälle! Weder Wind, noch Regen
Nicht Donner ist, noch Feuer meine Tochter;
Euch, ihr Elemente, kreide ich
Nicht Herzenskälte an. Nie schenkte ich
Euch ein Königreich, ich nannte euch
Nie Kinder, Unterwerfung schuldet
Ihr mir nicht, drum wütet nach Belieben!
Hier steht euer Untertan, ein armer
Bresthaft zittriger, verlachter Greis
Der gleichwohl euch servile Kriecher nennt
Weil ihr eure himmelhohen Schlachtreihn
Vereint mit zwei verderbten Töchtern gegen
Ein Haupt, so alt und grau. Oho, 's ist faul.
NARR Wer 'n Haus hat, um sein Haupt zu verstaun, hat 'n
schönes Haupthaus.
  Will der Sackbeutel hausen
    Eh das Haupt weiß wo
  Werden Haupt und er sich lausen
    Als Bettelpaar im Hochzeitsstroh.
  Tut wer mit'm großen Zeh
    Was er mit'm Herz tun sollte
  Schafft 'n Leichdorn groß Weheh
    Und wachen muß, wer ruhen wollte.

For there was neuer yet faire woman, but shee made
mouthes in a glasse.
Enter Kent.
Lear. No, I will be the patterne of all patience,
I will say nothing.
Kent. Who's there?
Foole. Marry here's Grace, and a Codpiece, that's a
Wiseman, and a Foole.

Kent. Alas Sir are you here? Things that loue night,
Loue not such nights as these: The wrathfull Skies
Gallow the very wanderers of the darke
And make them keepe their Caues: Since I was man,
Such sheets of Fire, such bursts of horrid Thunder,
Such groanes of roaring Winde, and Raine, I neuer
Remember to haue heard. Mans Nature cannot carry
Th'affliction, nor the feare.

Lear. Let the great Goddes
That keepe this dreadfull pudder o're our heads,
Finde out their enemies now. Tremble thou Wretch,
That hast within thee vndivulged Crimes
Vnwhipt of Iustice. Hide thee, thou Bloudy hand;
Thou Periur'd, and thou Simular of Vertue
That art Incestuous. Caytiffe, to peeces shake
That vnder couert, and conuenient seeming

Ha's practis'd on mans life. Close pent-vp guilts,
Riue your concealing Continents, and cry
These dreadfull Summoners grace. I am a man,

Weil, 's gab noch nie 'ne schöne Frau, die nicht vorm
Spiegel Fratzen schnitt.

Kent.

LEAR Nein, ich will ein Ausbund sein an Langmut.
Ich will schweigen.

KENT Wer ist da?

NARR Na, wer wohl
Ihre Durchlaucht und sein Sackbeutel, will sagen, ein
Weiser und ein Narr.

KENT Ach, Sir, hier seid Ihr? Was sonst die Nacht liebt
Liebt Nächte nicht wie diese. So sehr schrecken
Die erzürnten Himmel lichtloses Getier
Daß es in seinen Höhlen bleibt. Ich kann mich
Seit ich Mann ward, nicht erinnern, solches
Feuerknattern, Krachen grausen Donners
Solch Geheul von Wind und Regen je
Gehört zu haben. Die Natur des Menschen
Ist dieser Drangsal nicht gewachsen, noch
Der Furcht.

LEAR   Lassen wir die großen Götter
Die auf den Kopf ihr grauses Zeug uns häufen
Ihre wahren Feinde finden. Lump
Erschaure, der du Übeltaten mitschleppst
Unentdeckt, von keinem Recht gegeißelt;
Verbirg dich, du mit blutbefleckten Händen;
Du Meineidschwörer, und du, Tugendheuchler
Der heimlich schamlos lebt; du, Scharlatan
Zittre dich zu Bruch, der du nach außen
Den Heiler spielst und doch dem Leben schadest;
Und du, tief weggeschlossene Verfehlung
Reiß ein, was dich vermauert und erbettle
Von den Schergen des Gerichts dir Gnade.

More sinn'd against, then sinning.

Kent. Alacke, bare-headed?
Gracious my Lord, hard by heere is a Houell,
Some friendship will it lend you 'gainst the Tempest:
Repose you there, while I to this hard house,
(More harder then the stones whereof 'tis rais'd,
Which euen but now, demanding after you,
Deny'd me to come in) returne, and force
Their scanted curtesie.

Lear. My wits begin to turne.
Come on my boy. How dost my boy? Art cold?
I am cold my selfe. Where is this straw, my Fellow?
The Art of our Necessities is strange,
And can make vilde things precious. Come, your Houel;
Poore Foole, and Knaue, I haue one part in my heart
That's sorry yet for thee.

Foole. He that has and a little-tyne wit,
With heigh-ho, the Winde and the Raine,
Must make content with his Fortunes fit,
Though the Raine it raineth euery day.
Le. True Boy: Come bring vs to this Houell.   *Exit.*

Scaena Tertia.

Enter Gloster, and Edmund.

Glo. Alacke, alacke *Edmund*, I like not this vnnaturall
dealing; when I desired their leaue that I might pity him,
they tooke from me the vse of mine owne house, charg'd

Ich bin ein Mann, an dem, mehr als er sündigt
Gesündigt wird.
KENT　　　　　Und das mit bloßem Haupt!
Zu Gnaden, Herr, ganz nahe steht ein Hüttchen
Das bietet freundlich Schutz Euch vor dem Sturm:
Da ruht, indes ich zu dem harten Haus
(Weit härter als der Stein, aus dem's gebaut ist
Das mir, dem nach Euch Suchenden, soeben
Den Eintritt untersagte) noch einmal
Mich wende und die vorenthaltne Gast-
Freundschaft erzwinge.
LEAR　　　　　　Mir wird wirr im Kopf.
Komm, Jungchen. Wie gehts, Jungchen? Hast du kalt?
Ich hab auch kalt. Dies dein Stroh, wo ist es
Bruderherz? Die Zauberkraft der Not
Ist doch beachtlich, aus Gemeinem macht sie
Kostbarkeiten. Auf, zu deinem Hüttchen.
Armer Narr und Spaßkerl, mir verblieb
Im Herzen noch ein Fleck, wo du mir leid tust.
NARR Wem im Schädel der Grips nur mäßig sich rührt
　　Mit Geschrei und Hallo, bei Wind und bei Regen
Muß tappen, wohin sein Schicksal ihn führt
　　Regnet der Regen auch jeglichen Tag.
LEAR　Sehr wahr, mein Junge. Bring uns zu der Hütte. *Ab.*

III, 3

Gloster, Edmund.

GLOSTER Ach, ach! Edmund, mir mißfällt dieses unnatürliche
　　Gebaren; als ich sie darum ersuchte, mich seiner erbarmen
　　zu dürfen, beraubten sie mich meines Hausrechts, erlegten

me on paine of perpetuall displeasure, neither to speake
of him, entreat for him, or any way sustaine him.

Bast. Most sauage and vnnaturall.

Glo. Go too; say you nothing. There is diuision betweene the Dukes, and a worsse matter then that: I haue
receiued a Letter this night, 'tis dangerous to be spoken,
I haue lock'd the Letter in my Closset, these iniuries the
King now beares, will be reuenged home; ther is part of
a Power already footed, we must incline to the King, I
will looke him, and priuily relieue him; goe you and
maintaine talke with the Duke, that my charity be not of

him perceiued; If he aske for me, I am ill, and gone to
bed, if I die for it, (as no lesse is threatned me) the King
my old Master must be relieued. There is strange things
toward *Edmund*, pray you be carefull. *Exit.*

Bast. This Curtesie forbid thee, shall the Duke
　Instantly know, and of that Letter too;
　This seemes a faire deseruing, and must draw me
　That which my Father looses: no lesse then all,
　The yonger rises, when the old doth fall. *Exit.*

Scena Quarta.

Enter Lear, Kent, and Foole.

Kent. Here is the place my Lord, good my Lord enter,
　The tirrany of the open night's too rough

mir bei Strafe ewiger Ungnade auf, weder von ihm zu
sprechen oder für ihn einzutreten, noch ihn, auf welche
Weise auch immer, zu unterstützen.

EDMUND Höchst grausam und unnatürlich!

GLOSTER Du bist besser still. Es herrscht Zwietracht zwischen den Herzögen und Schlimmeres als das. Ich habe zur Nacht einen Brief erhalten, den habe ich gleich in meinem Arbeitszimmer weggeschlossen, es ist gefährlich, nur davon zu sprechen. Die Demütigungen, die der König momentan über sich ergehen lassen muß, werden vollauf vergolten werden; ein Teil einer Streitmacht aus Frankreich ist schon gelandet, wir müssen uns zum König halten. Ich will ihn aufsuchen und ihm heimlich Hilfe zukommen lassen; du geh und verwickle den Herzog in ein Gespräch, so daß mein Mitgefühl ihm verborgen bleibt. Fragt er nach mir, bin ich krank und im Bett. Und muß ich dafür auch sterben (und mit nichts weniger haben sie mir gedroht), dem König, meinem alten Herrscher, muß Erleichterung zuteil werden. Es sind seltsame Dinge im Gang, Edmund; sei bitte vorsichtig. *Ab.*

EDMUND Von dieser dir verbotnen Treue soll
Sogleich der Herzog Kenntnis haben, auch
Von dem Brief. Das bringt mich sicher weiter
Und schafft mir, was mein Vater nicht behält:
Die Jugend steigt, sobald das Alter fällt. *Ab.*

III, 4

Lear, Kent, Narr.

KENT Hier ist es, Herr, herein; mein bester Herr
Unsere Natur, sie hält im Freien

    For Nature to endure. *Storme still*
Lear. Let me alone.
Kent. Good my Lord enter heere.
Lear. Wilt breake my heart?
Kent. I had rather breake mine owne,
    Good my Lord enter.
Lear. Thou think'st 'tis much that this contentious storme
    Inuades vs to the skin, so: 'tis to thee,
    But where the greater malady is fixt,
    The lesser is scarce felt. Thou'dst shun a Beare,
    But if they flight lay toward the roaring Sea,
    Thou'dst meete the Beare i'th'mouth, when the mind's
    The bodies delicate: the tempest in my mind,   (free,
    Doth from my sences take all feeling else,
    Saue what beates there, Filliall ingratitude,
    Is it not as this mouth should teare this hand
    For lifting food too't? But I will punish home;
    No, I will weepe no more; in such a night,
    To shut me out? Poure on, I will endure:
    In such a night as this? O *Regan, Gonerill*,
    Your old kind Father, whose franke heart gaue all,
    O that way madnesse lies, let me shun that:
    No more of that.

Kent. Good my Lord enter here.
Lear. Prythee go in thy selfe, seeke thine owne ease,
    This tempest will not giue me leaue to ponder
    On things would hurt me more, but Ile goe in,
    In Boy, go first. You houselesse pouertie, *Exit.*
    Nay get thee in; Ile pray, and then Ile sleepe.

Der Knute dieser Nacht nicht stand. *Immer noch Sturm.*
LEAR   Verlaß mich.
KENT Kommt hier herein.
LEAR   Willst du das Herz mir brechen?
KENT Ich bräche eher meins. Herr, kommt herein.

LEAR Du denkst, 's ist viel, daß dieser wilde Sturm
   Uns in die Haut vorstößt; so sieht's für dich aus.
   Doch wo die größre Krankheit hockt, da fühlt man
   Die kleinre kaum. Vor einem Bären liefst du
   Wohl weg, doch führte deine Flucht dich direkt
   Ins aufgewühlte Meer, du stelltest dich
   Dem Bärenmaul. Ist dir der Geist befreit
   Ist dein Leib empfindlich; meinen Sinnen
   Raubt der Sturm im Kopf jedwedes Fühlen
   Bis auf das, was hier pocht – Kindesundank!
   Ist das nicht, als würde dieser Mund
   Die Hand zerfleischen, weil sie Nahrung reicht?
   Doch ich will Vergeltung. Nein, nicht weinen
   Will ich mehr; in solcher Nacht mich aussperrn?
   Gieß zu, ich halte stand! In einer Nacht
   Wie der? O Regan, Goneril! Die Großmut
   Eures alten, guten Vaters gab euch
   Alles – O, auf dem Weg wartet Wahnsinn
   Laßt mich den vermeiden. Davon nichts mehr.
KENT Lieber Herr, kommt bitte hier herein.
LEAR Geh bitte selbst hinein, sei gut zu dir;
   Der Sturm erlaubt nicht, daß ich Dinge wälze
   Die mehr als er mich plagen. Doch ich komme.
   Jungchen, geh vor. Du obdachlose Armut –
   Nein, rein mit dir. Ich bete, und dann schlaf ich.
              Narr ab.

Poore naked wretches, where so ere you are
That bide the pelting of this pittilesse storme,
How shall your House-lesse heads, and vnfed sides,
Your lop'd, and window'd raggednesse defend you
From seasons such as these? O I haue tane
Too little care of this: Take Physicke, Pompe,
Expose thy selfe to feele what wretches feele,
That thou maist shake the superflux to them,
And shew the Heauens more iust.

Enter Edgar, and Foole.

Edg. Fathom, and halfe, Fathom and halfe; poore *Tom*.

Foole. Come not in heere Nuncle, here's a spirit, helpe me, helpe me.

Kent. Giue me thy hand, who's there?

Foole. A spirite, a spirite, he sayes his name's poore *Tom*.

Kent. What art thou that dost grumble there i'th' straw? Come forth.

Edg. Away, the foule Fiend followes me, through the sharpe Hauthorne blow the windes. Humh, goe to thy bed and warme thee.

Lear. Did'st thou giue all to thy Daughters? And art thou come to this?

Edgar. Who giues any thing to poore *Tom*? Whom the foule fiend hath led though Fire, and through Flame, through Sword, and Whirle-Poole, o're Bog, and Quag-mire, that hath laid Kniues vnder his Pillow, and Halters in his Pue, set Rats-bane by his Porredge, made him Proud of heart, to ride on a Bay trotting Horse, ouer foure incht Bridges, to course his owne shadow for a Traitor.

Ihr armen Nackten, wo ihr immer seid
Ausgesetzt dem mitleidlosen Sturm
Wie sollen eure unbehausten Schädel
Und magren Rippen, eure löchrige
Und Blößen weisende Zerlumptheit euch
Vor solchen Wettern schützen? O! Zu wenig
Wichtig war mir das. Nun friß es, Pomp!
Dem Fühlen setz dich aus, das Arme fühlen
Auf daß du ihnen Überfluß zuschiebst
Und die Himmel uns gerechter zeigt.

EDGAR Zwei Arme lang und einer breit, zwei Arme lang und einer breit! Armer Tom!
NARR Komm hier nich rein, Monkel, hier's 'n Gespenst. Zu Hilfe! Zu Hilfe!
KENT Gib mir deine Hand. Wer ist da?
NARR 'n Gespenst, 'n Gespenst, es sagt, es heißt armer Tom!
KENT Wer bist du, der da im Stroh 'rumgrummelt? Zeig dich.
EDGAR Weg, der böse Feind verfolgt mich! *Der Wind, er pfeift durch den Hagedorn spitz.* Huh! Geh in dein kaltes Bett und wärm dich.
LEAR Hast du alles deinen Töchtern vermacht? Und das ist von dir übrig?
EDGAR Wer vermacht dem armen Tom was? Den der böse Feind geführt hat in Feuer und in Brände, in Ströme und Wirbel, in Moor und Morast, dem er Messer gelegt hat unter sein Kopfkissen und auf den Betschemel Stricke, der ihm Rattengift hingestellt hat zum Frühstück und ihn so hochnäsig machte, daß sein eigner Schatten ihm vorkam wie ein Verräter, und er auf 'nem braunen Hengst über

Blisse thy fiue Wits, *Toms* a cold. O do, de, do, de, do de, blisse thee from Whirle-Windes, Starre-blasting, and taking, do poore *Tom* some charitie, whom the foule Fiend vexes. There could I haue him now, and there, and there againe, and there. *Storme still.*

Lear. Ha's his Daughters brought him to this passe? Could'st thou saue nothing? Would'st thou giue 'em all?

Foole. Nay, he reseru'd a Blanket, else we had bin all sham'd.

Lea. Now all the plagues that in the pendulous ayre
Hang fated o're mens faults, light on thy Daughters.

Kent. He hath no Daughters Sir.

Lear. Death Traitor, nothing could haue subdu'd Nature
To such a lownesse, but his vnkind Daughters.
Is it the fashion, that discarded Fathers,
Should haue thus little mercy on their flesh:
Iudicious punishment, 'twas this flesh begot
Those Pelicane Daughters.

Edg. Pillicock sat on Pillicock hill, alow: alow, loo, loo.

Foole. This cold night will turne vs all to Fooles, and Madmen.

Edgar. Take heed o'th'foule Fiend, obey thy Parents, keepe thy words Iustice, sweare not, commit not, with mans sworne Spouse: set not thy Sweet-heart on proud array. *Tom's* a cold.

Lear. What hast thou bin?

Edg. A Seruingman? Proud in heart, and minde; that

vierfingerbreite Brücken ritt, um ihn zu jagen. Behütet seien deine fünf Sinne! Tom friert. O du, di, du, di, du, di. Behütet seist du vor Windhosen, Haarsternen und Ansteckung! Tut dem armen Tom was Gutes, den der böse Feind heimsucht. Hier könnte ich ihn jetzt haben, und hier, und wieder da und da. *Immer noch Sturm.*

LEAR Was? Haben seine Töchter ihn so heruntergebracht? Konntest du nichts retten?
Hast du alles ihnen vermacht?

NARR Nee, den Fetzen hatter behalten, sonst müßten wir alle weggucken.

LEAR Alle Pestilenz, die für die Bösen
In der Luft hängt, fall auf deine Töchter!

KENT Töchter hat er nicht, Sir.

LEAR   Stirb, Treuloser!
Nichts konnte die Natur ihm so verbiegen
Als seine undankbaren Töchter. Ist das heute
Die Mode, daß mit ausgedienten Vätern
Ihr eigen Fleisch so wenig Mitleid fühlt?
Gerechte Strafe! Dieses Fleisch ja zeugte
Wie der Pelikan sich diese Töchter
Die jetzt mit seinem Blut die Schnäbel füllen.

EDGAR Pellihahn saß auf Pellhuhns Berg: Hallo! Hallolilalu.

NARR Die Sturmnacht macht uns alle noch zu Narren und Verrückten.

EDGAR Hüte dich vorm bösen Feind! Gehorche deinen Eltern, halte Wort, nicht fluche, nicht bändle an mit deines Nächsten Weib, dein kleines Herz häng nicht an eitlen Tand. Tom hat kalt.

LEAR Was warst du?

EDGAR Ein liebesdienstbarer Geist, hochherzig und hoch-

curl'd my haire, wore Gloues in my cap; seru'd the Lust
of my Mistris heart, and did the acte of darkenesse with
her. Swore as many Oathes, as I spake words, & broke
them in the sweet face of Heauen. One, that slept in the
contriuing of Lust, and wak'd to doe it. Wine lou'd I
deerely, Dice deerely; and in Woman, out-Paramour'd
the Turke. False of heart, light of eare, bloody of hand;
Hog in sloth, Foxe in stealth, Wolfe in greedinesse, Dog
in madnes, Lyon in prey. Let not the creaking of shooes,
Nor the rustling of Silkes, betray thy poore heart to woman. Keepe thy foote out of Brothels, thy hand out of
Plackets, thy pen from Lenders Bookes, and defye the
foule Fiend. Still through the Hauthorne blowes the
cold winde: Sayes suum, mun, nonny, Dolphin my Boy,
Boy *Sesey*: let him trot by. *Storme still.*

Lear. Thou wert better in a Graue, then to answere
with thy vncouer'd body, this extremitie of the Skies. Is
man no more then this? Consider him well. Thou ow'st
the Worme no Silke; the Beast, no Hide; the Sheepe, no
Wooll; the Cat, no perfume. Ha? Here's three on's are
sophisticated. Thou art the thing it selfe; vnaccommo-
dated man, is no more but such a poore, bare, forked A-
nimall as thou art. Off, off you Lendings: Come, vnbutton heere.

Enter Gloucester, with a Torch.
Foole. Prythee Nunckle be contented, 'tis a naughtie
night to swimme in. Now a little fire in a wilde Field,
were like an old Letchers heart, a small spark, all the rest
on's body, cold: Looke, heere comes a walking fire.

näsig, der sich die Haare kräuseln ließ, Damenhandschuhe an den Hut steckte, den Lüsten meiner Lady diente und mit ihr den Akt im Dunkel verübte; der soviel Eide schwor, wie ich Worte machte, und sie dann im holden Himmelsantlitz brach; einer, der mit wollüstigen Phantasien einschlief und erwachte, um sie auszuführen. Den Wein pries ich, die Würfel liebte ich, und was die Weiber angeht, stach ich den Großtürken aus. Herz falsch, Ohr gierig, Hand blutig; faule Sau, schlauer Fuchs, hungriger Wolf, wütiger Hund, gefräßiger Löwe. Kein lockendes Schuhknarzen, kein Seideraschen liefere dein armes Herz dem Weib aus. Keinen Fuß in Bordelle, keine Hand unter Röcke, keinen Federstrich auf Schuldscheine, und halt dich fern vom bösen Feind. *Noch pfeift der Wind durch den Hagedorn kalt*, sagt Summ, mumm, juppheidi. Delfin, mein Sohn, bleib weg! Laß ihn durch!

Immer noch Sturm.

LEAR Du lägest besser in deinem Grabloch als mit bloßem Leib dem Wüten der Himmel zu trotzen. Ist der Mensch nicht mehr als das? Seht ihn euch gut an! Er schuldet dem Wurm keine Seide, dem Rind kein Leder, dem Schaf keine Wolle, der Katz kein Parfüm. Ha! Drei Fälschungen sind unter uns. Du bist das Ding an sich. Der ungeschönte Mensch ist nicht mehr als solch ein armes, nacktes, zweizinkiges Tier wie du. Weg, weg, falscher Plunder! Komm, hier knöpf auf.

Gloster mit einer Fackel.

NARR Ich bitt dich, Monkel, mach 'n Punkt! 's is 'ne scheußliche Nacht zum Schwimmen. Ein Feuerchen auf offenem Feld gliche jetzt dem Herzen eines alten Lüstlings: ein Fünkchen Hitze, der Rest kaltes Fleisch. Schau mal: da kommt 'ne Flamme, die laufen kann.

Edg. This is the foule Flibbertigibbet; hee begins at
Curfew, and walkes at first Cocke: Hee giues the Web
and the Pin, squints the eye, and makes the Hare-lippe;
Mildewes the white Wheate, and hurts the poore Crea-
ture of earth.
  Swithold footed thrice the old,
  He met the Night-Mare, and her nine-fold;
  Bid her a-light, and her troth-plight,
  And aroynt thee Witch, aroynt thee.

Kent. How fares your Grace?
Lear. What's he?
Kent. Who's there? What is't you seeke?
Glou. What are you there? Your Names?
Edg. Poore Tom, that eates the swimming Frog, the
Toad, the Tod-pole, the wall-Neut, and the water: that
in the furie of his heart, when the foule Fiend rages, eats
Cow-dung for Sallets; swallowes the old Rat, and the
ditch-Dogge; drinkes the green Mantle of the standing
Poole: who is whipt from Tything to Tything, and
stockt, punish'd, and imprison'd: who hath three Suites
to his backe, sixe shirts to his body:

  Horse to ride, and weapon to weare:
  But Mice, and Rats, and such small Deare,
  Haue bin Toms food, for seuen long yeare:
Beware my Follower. Peace Smulkin, peace thou Fiend.

Glou. What, hath your Grace no better company?

Edg. The Prince of Darkenesse is a Gentleman. *Modo*
he's call'd, and *Mahu*.

EDGAR Das ist der böse Flibbertigibbet: er legt los beim
  Abendläuten und geht um bis zum ersten Hahn. Er bringt
  den grauen Star und den Schielblick, macht die Hasen-
  scharte und den Pilz in den Weizen und plagt die arme
  Erdenkreatur.
   Dreimal ging Sankt Withold, das Moor zu queren
   Die Nachtmährin traf er und ihre neun Gören
     Er bat, laß das sein
     Sie schickte sich drein
   Und nun troll dich, Hexe, verroll dich!
KENT Wie geht es Euer Gnaden?
LEAR Wer ist das?
KENT Wer da? Was sucht Ihr hier?
GLOSTER Ihr da, wer seid Ihr? Eure Namen!
EDGAR Der arme Tom, der schluckt den schwimmenden
  Frosch, die Unke, die Kaulquappe, die Eidechse und den
  Grottenolm, der speist, wenn der böse Feind in ihm rast,
  in seiner Herzwut Kuhmist als Salat, verschlingt die alte
  Ratte und den toten Hund, schlürft die Entengrütze vom
  Teich. Der wird gepeitscht von Dorf zu Dorf, in den
  Stock geschlossen, bespuckt und eingesperrt und hatte
  doch drei Röcke für seinen Buckel und sechs Hemden
  für seinen Bauch.
   Ein Pferd zum Reiten samt Schwert und Schild
   Doch mit Mäusen und Ratten und solch kleinem Wild
   Hat Tom sieben Jahr seinen Hunger gestillt.
  Hütet euch vor meinem Gefolgsmann. Gib Ruhe, Smul-
  kin! Ruhe, du Teufel!
GLOSTER Was? Haben Euer Gnaden keine bessere Beglei-
  tung?
EDGAR Der Fürst der Finsternis ist ein Gentleman; Modo
  heißt er, und Mahu.

Glou. Our flesh and blood, my Lord, is growne so
   vilde, that it doth hate what gets it.
Edg. Poore Tom's a cold.
Glou. Go in with me; my duty cannot suffer
   T'obey in all your daughters hard commands:
   Though their Iniunction be to barre my doores,
   And let this Tyrannous night take hold vpon you,
   Yet haue I ventured to come seeke you out,
   And bring you where both fire, and food is ready.

Lear. First let me talke with this Philosopher,
   What is the cause of Thunder?
Kent. Good my Lord take his offer,
   Go into th'house.
Lear. Ile talke a word with this same lerned Theban:
   What is your study?
Edg. How to preuent the Fiend, and to kill Vermine.

Lear. Let me aske you one word in priuate.
Kent. Importune him once more to go my Lord,
   His wits begin t'vnsettle.
Glou. Canst thou blame him?   *Storm still*

   His Daughters seeke his death: Ah, that good Kent,
   He said it would be thus: poore banish'd man:
   Thou sayest the King growes mad, Ile tell thee Friend
   I am almost mad my selfe. I had a Sonne,
   Now out-law'd from my blood: he sought my life
   But lately: very late: I lou'd him (Friend)
   No Father his Sonne deerer: true to tell thee
   The greefe hath craz'd my wits. What a night's this?
   I do beseech your grace.

GLOSTER Unser Fleisch und Blut, Mylord, ist so gesunken,
daß es ihn haßt, der es zeugte.
EDGAR Der arme Tom hat kalt.
GLOSTER Folgt mir. Mein Pflichtgefühl erträgt es nicht
Die strenge Order Eurer Töchter völlig
Zu befolgen. Lautet ihr Befehl auch
Meine Tore zu verriegeln und dem Wüten
Dieser Nacht Euch preiszugeben, wage ich es
Euch aufzusuchen und an einen Ort
Der Wärme und der Stärkung Euch zu bringen.
LEAR Laß mich erst mit diesem Mann des Wissens
Disputieren. Wie entsteht der Donner?
KENT Mein bester Herr, nehmt an, geht mit ins Haus.

LEAR Ein Wort mit diesem kundigen Thebaner:
Euer Studium ist welches?
EDGAR   Die Bekämpfung
Des bösen Feinds und Schädlinge zu töten.
LEAR Da wünscht' ich noch ein Wort mit Euch allein.
KENT Mylord, drängt ihn noch einmal, Euch zu folgen.
Sein Verstand wankt.
GLOSTER   Könnt Ihr's ihm verübeln?
Immer noch Sturm.
Seine Töchter wollen seinen Tod. Der gute Kent!
Er sah es kommen, der verbannte Mann!
Der König wird verrückt, sagst du; ich sag dir
Ich selbst bin halb verrückt. Mir lebt ein Sohn
Gesetzlos jetzt, der mir ganz plötzlich nachstellt
Ganz urplötzlich. Freund, ich liebte ihn
Wie kein Vater seinen Sohn. Ich sage dir
Der Gram bringt mich um den Verstand. Was ist das
Für eine Nacht? Ich bitte Euer Gnaden –

Lear. O cry you mercy, Sir:
   Noble Philosopher, your company.
Edg. Tom's a cold.
Glou. In fellow there, into th'Houel; keep thee warm.

Lear. Come, let's in all.
Kent. This way, my Lord.
Lear. With him;
   I will keepe still with my Philosopher.
Kent. Good my Lord, sooth him:
   Let him take the Fellow.
Glou. Take him you on.
Kent. Sirra, come on: go along with vs.
Lear. Come, good Athenian.
Glou. No words, no words, hush.
Edg. Childe *Rowland* to the darke Tower came,
   His word was still, fie, foh, and fumme,
   I smell the blood of a Brittish man.   *Exeunt*

Scena Quinta.

Enter Cornwall, and Edmund.

Corn. I will haue my reuenge, ere I depart his house.
Bast. How my Lord, I may be censured, that Nature
   thus giues way to Loyaltie, something feares mee to
   thinke of.
Cornw. I now perceiue, it was not altogether your
   Brothers euill disposition made him seeke his death: but
   a prouoking merit set a-worke by a reprouable badnesse
   in himselfe.

LEAR O, nehmt mir das nicht krumm, Sir. Edler Denker
  Nach Euch.
EDGAR   Tom hat kalt.
GLOSTER   Dann bleib im Schuppen
  Freundchen, wärm dich da.
LEAR   Kommt, gehn wir alle.
KENT Hier entlang, Mylord.
LEAR   Nicht ohne ihn
  Ich halte mich an meinen Philosophen.
KENT Bester Herr, willfahrt ihm; laßt ihn bei ihm.

GLOSTER Ihr übernehmt den.
KENT   Kommt nur, Freund, geht mit uns.
LEAR Komm, herrlicher Athener.
GLOSTER   Leise, leise.
EDGAR Zum schwarzen Turm kam Roland, der Held
  Und der Riese sagte: Fie, foh und fumm
  Ich rieche, rieche Britenblut.   *Alle ab.*

III, 5

Cornwall, Edmund.

CORNWALL Eh ich sein Haus verlasse, will ich meine Rache.
EDMUND In welchen Licht ich, Mylord, gesehen werde,
  wenn meine Blutsverwandtschaft meiner Ergebenheit so
  den Platz räumt, daran darf ich gar nicht denken.
CORNWALL Jetzt begreife ich, daß es nicht einfach der üble
  Charakter Eures Bruders war, der ihn den Tod seines Vaters
  planen ließ, sondern ein durch dessen eigene abstoßende
  Schlechtigkeit ins Werk gesetzter, erzwungener Aufstand.

Bast. How malicious is my fortune, that I must repent to be iust? This is the Letter which hee spoake of; which approues him an intelligent partie to the aduantages of France. O Heauens! that this Treason were not; or not I the detector.

Corn. Go with me to the Dutchesse.

Bast. If the matter of this Paper be certain, you haue mighty businesse in hand.

Corn. True or false, it hath made thee Earle of Gloucester: seeke out where thy Father is, that hee may bee ready for our apprehension.

Bast. If I finde him comforting the King, it will stuffe his suspition more fully. I will perseuer in my course of Loyalty, though the conflict be sore betweene that, and my blood.

Corn. I will lay trust vpon thee: and thou shalt finde a deere Father in my loue. *Exeunt.*

Scena Sexta.

Edg. When we our betters see bearing our woes: we scarcely thinke, our miseries, our foes.
Who alone suffers suffers, most it'h mind,
Leauing free things and happy showes behind,
But then the mind much sufferance doth or'e scip,
When griefe hath mates, and bearing fellowship:
How light and portable my paine seemes now,
When that which makes me bend, makes the King bow.
He childed as I fathered, *Tom* away,
Marke the high noyses and thy selfe bewray,

EDMUND Wie boshaft mein Schicksal mich bereuen läßt,
ehrlich geblieben zu sein! Dies ist das Schreiben, von dem
er sprach, welches beweist, er ist ein **nützlicher** französischer Spion. O Himmel! Gäbe es diesen Verrat nicht oder
nicht mich als **seinen** Entdecker!
CORNWALL Geh mit mir zur Herzogin.
EDMUND Falls dieses Papier seinem Inhalt nach als gesichert
gelten darf, haltet Ihr ein **dickes** Ding in Händen.
CORNWALL Wahr oder falsch, dich hat es zum Grafen
Gloster gemacht. Find heraus, wo dein Vater steckt, damit
wir ihn verhaften.
EDMUND **Wenn** ich ihn dabei **erwische, wie er** dem König
beisteht, mästet das seinen Verdacht **noch mehr.** Ich bleibe bei meinem loyalen Kurs, **mag** der Konflikt mit meinem Blut auch **noch so bitter** sein.
CORNWALL Ich vertraue dir. Und **meine** Gunst **erschafft dir**
einen liebevolleren Vater. *Beide ab.*

III, 6

Edgar.

EDGAR Sehn wir mit Großen uns im Leid vereint
 Wird uns das Elend weniger zum Feind;
 Am ärgsten leidet, wer alleine leidet
 Weil einzig ihn die Lebensfreude meidet;
 Doch seht nur, wieviel Unglück er verwindet
 Wenn er für seinen Schmerz Gefährten findet!
 Die Last wird leichter, die mein Gram erzeugt
 Wenn, was mich krümmt, den König niederbeugt:
 Er gekindert, ich gevatert; los
 Tom, vernimm den hohen Lärm, und groß

When false opinion whose wrong thoughts defile thee,
In thy iust proofe repeals and reconciles thee,
What will hap more to night, safe scape the King,
Lurke, lurke.

Enter Kent, and Gloucester.

Glou. Heere is better then the open ayre, take it thank-
fully: I will peece out the comfort with what addition I
can: I will not be long from you. *Exit*

Kent. All the powre of his wits, haue giuen way to his
impatience: the Gods reward your kindnesse.
Enter Lear, Edgar, and Foole.
Edg. *Fraterretto* cals me, and tells me *Nero* is an Ang-
ler in the Lake of Darknesse: pray Innocent, and beware
the foule Fiend.
Foole. Prythee Nunkle tell me, whether a madman be
a Gentleman, or a Yeoman.
Lear. A King, a King.
Foole. No, he's a Yeoman, that ha's a Gentleman to
his Sonne: for hee's a mad Yeoman that sees his Sonne a
Gentleman before him.
Lear. To haue a thousand with red burning spits
Come hizzing in vpon 'em.
Edg. The foule fiend bites my backe,
Foole. He's mad, that trusts in the tamenes of a Wolfe, a
horses health, a boyes loue, or a whores oath.
Kent. How doe you sir? stand you not so amazd, will you lie
downe and rest vpon the cushings?
Lear. Ile see their triall first, bring in their euidence, thou
robbed man of Iustice take thy place, & thou his yoke-

Sei wieder, wenn dein Wort das böse Irren
Aufklärt und sich wahr und falsch entwirren.
Was auch heut Nacht geschieht: nur nichts dem König!
Jetzt heißt es wachsam sein, nur wachsam.   *Ab.*

Gloster, Kent.

GLOSTER Hier ist es **erträglicher** als im Freien; nehmt es gnädig an. Ich werde Euch jede **Annehmlichkeit** zukommen lassen, die ich auftreiben kann **und** kehre gleich zu Euch zurück.

KENT Seine Verstandeskräfte weichen seiner Bedrückung. Lohnen Euch die Götter Eure Güte.   *Gloster ab.*

Lear, Edgar, Narr.

EDGAR Fraterello ruft nach mir und sagt mir, Nero angelt im Teich der Finsternis. Bete, Kind, und hüte dich vorm bösen Feind.

NARR Bittschön, Monkel, sag mir, is der Edelmann 'n **Blödmann** oder der Bürgersmann?

LEAR Der König, der König!

NARR Falsch, der Bürgersmann is 'n Blödmann, der sich 'n Edelmann als Sohn wünscht, denn blöd is, wer als Bürgersmann 'n Edelmann als Sohn vor der Nase haben will.

LEAR **Hätte** ich mit rotgeglühten Spießen
Tausend und käm zischend über sie.

EDGAR Der böse Feind beißt mich hinten.

NARR Blöd ist ferner, wer 'nem Wolf traut, 'nem Pferdehuf, der Kindesliebe oder ei'm Hurenschwur.

KENT Wie ist Euch, Sir? Steht nur nicht so benommen. Wollt Ihr nicht liegen und auf Kissen ausruhn?

LEAR Erst ihr Urteil hören. Holt die Zeugen!
Du Richter in der Robe, nimm den Platz ein

fellow of equity, bench by his side, you are ot'h commission, sit you too.

Ed. Let vs deale iustly sleepest or wakest thou iolly
shepheard, Thy sheepe bee in the corne, and for one blast
of thy minikin mouth, thy sheepe shall take no harme,
Pur the cat is gray.

Lear. Arraigne her first tis Gonoril, I here take my oath be-
fore this honorable assembly kickt the poore king her fa-
ther.
Foole. Come hither mistrisse is your name Gonorill.
Lear. She cannot deny it.
Fool. Cry you mercy I tooke you for a ioyne stoole.

Lear. And heres another whose warpt lookes proclaime,
What store her hart is made an, stop her there,
Armes, armes, sword, fire, corruption in the place,
False Iusticer why hast thou let her scape.

Edg. Blesse thy fiue wits.

Kent. O pitty: Sir, where is the patience now
That you so oft haue boasted to retaine?
Edg. My teares begin to take his part so much,
They marre my counterfetting.
Lear. The little dogges, and all;
Trey, Blanch, and Sweet-heart: see, they barke at me.

Edg. Tom, will throw his head at them: Auaunt you
Curres, be thy mouth or blacke or white:

Und du, sein Beisitzer in Sachen Recht
Hockst dich daneben. Ihr, Geschworener
Setzt Euch auch.
EDGAR   Laßt uns gerecht verhandeln.
NARR Schläfst oder wachst du, schöne Schäferin?
Deine Lämmer grasen im Korn
Und von 'nem Schmatz deines süßen Munds
Geht dir keins verlorn.
EDGAR Purr, was ist die Katz grau.
LEAR Klagt sie zuerst an, das ist Goneril.
Ich schwöre hier vor diesem Blutgericht
Sie trat den armen König, ihren Vater.
NARR Erhebt Euch, Lady. Ihr heißt Goneril?
LEAR Das kann sie nicht bestreiten.
NARR   'schuldigung
Ich hab jetzt glatt gedacht, Ihr wärt 'n Stuhl.
LEAR Und hier die zweite: ihre scheelen Blicke
Verraten uns, aus welchem Zeug ihr Herz ist.
Ergreift sie! Waffen! Waffen! Feuer! Schwert!
Hier herrscht Bestechung! Falscher Richter, warum
Läßt du sie entkommen?
EDGAR   Segen deinen
Fünf Sinnen!
KENT   O, wie schrecklich! Sir, wo ist
Eure Langmut, auf die Ihr so stolz wart?
EDGAR Wenn meine Tränen so parteiisch werden
Verderben sie mein Spiel.
LEAR   Die kleinen Hundchen
Graufell, Schnauz, und Schätzchen, hört doch nur
Wie sie mich verbellen!
EDGAR   Seinen Kopf
Schmeißt Tom auf sie. Haut ab, ihr Lauseköter!

Tooth that poysons if it bite:
Mastiffe, Grey-hound, Mongrill, Grim,
Hound or Spaniell, Brache, or Hym:
Or Bobtaile tight, or Troudle taile,
Tom will make him weepe and waile,
For with throwing thus my head;
Dogs leapt the hatch, and all are fled.

Do, de, de, de: sese: Come, march to Wakes and Fayres,
And Market Townes: poore Tom thy horne is dry,

Lear. Then let them Anatomize *Regan*: See what
breeds about her heart. Is there any cause in Nature that
make these hard-hearts. You sir, I entertaine for one of
my hundred; only, I do not like the fashion of your garments. You will say they are Persian; but let them bee
chang'd.
Enter Gloster.
Kent. Now good my Lord, lye heere, and rest awhile.

Lear. Make no noise, make no noise, draw the Cur-
taines: so, so, wee'l go to Supper i'th'morning.
Foole. And Ile go to bed at noone.
Glou. Come hither Friend:
Where is the King my Master?
Kent. Here Sir, but trouble him not, his wits are gon.
Glou. Good friend, I prythee take him in thy armes;
I haue ore-heard a plot of death vpon him:
There is a Litter ready, lay him in't,
And driue toward Douer friend, where thou shalt meete

Dein Maul sei schwarz, gelb oder grau
Ein dummer Hund sei oder schlau
Sei Windhund oder **Straßenköter**
Sei **Schoßhund** oder **Rattentöter**
Pinscher oder Schlachterhund
Sei Jagdhund, Hofhund, Mischung bunt
Knurre oder laß dich kraulen
Tom bringt zum Winseln euch und Jaulen
Und schmeißt er seinen Kopf nach euch
Rennt ihr davon durchs halbe Reich.
Do, di, di, di: Sessa! Komm, wir ziehn von Kirmes zu Kirchweih zu Kerb. Armer Tom, dein Trinkhorn ist trocken.

LEAR Dann sollen sie Regan anatomisieren, daß wir sehen, was ihr am Herzen wuchert. Existiert **für** Hartherzigkeit eine **organische** Erklärung? Dich, Sir, reihe ich ein in meine Hundertschaft; nur deine Kleidermode gefällt mir nicht. Du wirst sagen, sie sei persisch; aber laß sie ändern.

Gloster.

KENT Nun, bester Herr, legt Euch hier hin und ruht ein Weilchen.

LEAR Macht keinen Lärm, keinen Lärm, zieht die Vorhänge vor, so, so. Abendessen gehen wir **morgen früh**.

NARR Und **mittags** geh ich zu Bett.

GLOSTER Komm zu mir, Freund. Wo ist mein Herr und König?

KENT Sir, dort. Doch weckt ihn nicht, er ist nicht bei sich.

GLOSTER Bester Freund, lad ihn dir auf die Schultern.
Ich lauschte einem Anschlag auf sein Leben:
Ein Wagen wartet; leg ihn da hinein
Und fahr nach Dover, Freund, wo du sowohl

Both welcome, and protection. Take vp thy Master,
If thou should'st dally halfe an houre, his life
With thine, and all that offer to defend him,
Stand in assured losse. Take vp, take vp,
And follow me, that will to some prouision
Giue thee quicke conduct. Come, come, away. *Exeunt*

Kent. Oppressed nature sleepes,
This rest might yet haue balmed thy broken sinewes,
Which if conuenience will not alow stand in hard cure,
Come helpe to beare thy maister, thou must not stay be-
hind.
Glost. Come, come, away. *Exeunt*

Foole. This is a braue night to coole a Curtizan:
Ile speake a Prophesie ere I go:
When Priests are more in word, then matter;
When Brewers marre their Malt with water;
When Nobles are their Taylors Tutors,
No Heretiques burn'd, but wenches Sutors;
When euery Case in Law, is right;
No Squire in debt, nor no poore Knight;
When Slanders do not liue in Tongues;
Nor Cut-purses come not to throngs;
When Vsurers tell their Gold i'th'Field,
And Baudes, and whores, do Churches build,
Then shal the Realme of *Albion*, come to great confusion:
Then comes the time, who liues to see't,
That going shal be vs'd with feet.

This prophecie *Merlin* shall make, for I liue before his time.
Exit.

Begrüßt wirst als beschützt. Lad deinen Herrn
Nur gleich dir auf; denn zögerst du auch nur
Ein halbes Stündchen, ist sein Leben samt
Dem deinen und dem aller, die ihm ihre
Hilfe bieten, rettungslos verloren.
Lad auf, lad auf, und folge mir, der dich
Mit Proviant noch schnell versehen will.

KENT Im Schlaf liegt die gepeinigte Natur.
Die Pause könnte, wäre sie erlaubt
Vielleicht die überspannten Nerven heilen
Was so kaum möglich ist. Komm, hilf, den Herrn
Hinauszuschaffen; du mußt eh verschwinden.

GLOSTER Kommt schon, kommt, helft mir, ihn wegzubringen. *Gloster, Kent, Edgar mit Lear ab.*

NARR Die Nacht kann gut 'ne heiße Braut abkühlen. Eh ich verschwinde, hinterlasse ich eine Prophezeiung.

    Wenn der Pfaffe mehr schafft, als daß er schwätzt
    Wenn der Brauer sein Bier nicht mit Wasser versetzt
    Wenn der Adel nicht **rennt** nach des Schneiders Rock
    Wenn der Ketzer nicht brennt, bloß der Hurenbock
    Wenn ein Gericht den Gerechten nützt
    Kein Junker, kein Ritter im Schuldturm sitzt
    Wenn die Zunge nicht länger am **Schlechtmachen hängt**
    Kein Taschendieb mehr auf den Marktplatz drängt
    Wenn **Bankherrn** ihr Geld auf **dem Feld verstauen**
    Und Huren und Kuppler **Kirchen erbauen**
    Dann kommt das Reich von Albion
    In gewaltige Konfusion:
    Dann kommt die Zeit, wer lebt, wird es sehen
    Wo man die Füße nimmt zum Gehen.

Diese Prophezeiung wird Merlin machen, denn ich lebe vor seiner Zeit. *Ab.*

Scena Septima.

Enter Cornwall, Regan, Gonerill, Bastard,
and Seruants.

Corn. Poste speedily to my Lord your husband, shew
him this Letter, the Army of France is landed: seeke out
the Traitor Glouster.
Reg. Hang him instantly.
Gon. Plucke out his eyes.
Corn. Leaue him to my displeasure. *Edmond*, keepe
you our Sister company: the reuenges wee are bound to
take vppon your Traitorous Father, are not fit for your
beholding. Aduice the Duke where you are going, to a
most festinate preparation: we are bound to the like. Our
Postes shall be swift, and intelligent betwixt vs. Fare-
well deere Sister, farewell my Lord of Glouster.
Enter Steward.
How now? Where's the King?
Stew. My Lord of Glouster hath conuey'd him hence
Some fiue or six and thirty of his Knights
Hot Questrists after him, met him at gate,
Who, with some other of the Lords, dependants,
Are gone with him toward Douer; where they boast
To haue well armed Friends.

Corn. Get horses for your Mistris.
Gon. Farewell sweet Lord, and Sister. *Exit*
Corn. Edmund farewell: go seek the Traitor *Gloster*,
Pinnion him like a Theefe, bring him before vs:
Though well we may not passe vpon his life

III, 7

Cornwall, Regan, Goneril, Edmund, Knechte.

CORNWALL Begebt Euch schleunig zu Mylord, dem Gatten, zeigt ihm diesen Brief: Frankreich ist mit Heeresmacht gelandet. Findet den ungetreuen Gloster.
REGAN Ohne Federlesen hängen.
GONERIL Augen ausreißen.
CORNWALL Überlaßt ihn meiner Mißbiligung. Edmund, leistet unsrer Schwägerin Gesellschaft: die Vergeltung, die wir an Eurem Verrätervater zu vollziehen gehalten sind, ist kein Anblick für Euch. Legt dem Herzog, den Ihr beehrt, nahe, in größter Eile aufzurüsten; das Gleiche gilt für uns. Unser Botenverkehr wird schnell und deutlich sein. Schwägerin, lebt wohl. Lebt wohl, Mylord von Gloster.
Oswald.
Sieh da! Wo ist der König?
OSWALD Mylord von Gloster hat ihn uns entführt;
Fünfunddddreißig oder sechsunddreißig
Seiner Ritter, heiß für ihn zugange
Warteten am Tor auf ihn. Und die
Samt mehr Sympathisanten Seiner Lordschaft
Sind mit ihm unterwegs nach Dover, wo sie
Wie sie prahlen, Freunde haben, gut
Gerüstete.
CORNWALL Schaff deiner Herrin Pferde.
GONERIL Lebt wohl, vielieber Lord, und, Schwester, du. *Ab.*
CORNWALL Edmund, leb wohl. Geht und helft Gloster finden
Legt ihn wie einen Dieb in Ketten, bringt ihn
Vor uns. Mangelt uns auch momentan

Without the forme of Iustice: yet our power
Shall do a curt'sie to our wrath, which men
May blame, but not comptroll.
Enter Gloucester, and Seruants.
Who's there? the Traitor?
Reg. Ingratefull Fox, 'tis he.

Corn. Binde fast his corky armes.

Glou. What meanes your Graces?
Good my Friends consider you are my Ghests:
Do me no foule play, Friends.
Corn. Binde him I say.

Reg. Hard, hard: O filthy Traitor.

Glou. Vnmercifull Lady, as you are, I'me none.

Corn. To this Chaire binde him,
Villaine, thou shalt finde.
Glou. By the kinde Gods, 'tis most ignobly done
To plucke me by the Beard.
Reg. So white, and such a Traitor?

Glou. Naughty Ladie,
These haires which thou dost rauish from my chin
Will quicken and accuse thee. I am your Host,
With Robbers hands, my hospitable fauours
You should not ruffle thus. What will you do?

Corn. Come Sir.
What Letters had you late from France?

Formal das Recht, ans Leben ihm zu gehn
Wird unsre Macht doch unsern Zorn hofieren
Was man zwar tadeln kann, doch nicht verhindern.
Gloster, Knechte.
Wer naht da? Der Verräter?
REGAN   Ja, er ist es.
Undankbarer Fuchs!
CORNWALL   Die welken Arme
Bindet ihm.
GLOSTER   Wie meinen Euer Gnaden?
Liebe Freunde, ihr seid meine Gäste:
Bedenkt das, seid nicht grob zu mir.
CORNWALL   Ich sagte
Bindet ihn.
REGAN   Stramm, stramm! O lausiger
Verräter!
GLOSTER   Mitleidlose Lady, die
Ihr seid, der bin ich nicht.
CORNWALL   Auf diesen Stuhl hier
Bindet ihn. Du wirst gleich merken, Schurke –
GLOSTER Bei den guten Göttern, es ist schändlich
Mich am Bart zu ziehn.
REGAN   So grau und so
Verlogen.
GLOSTER   Böse Lady, dieses Haar
Um das du mein Kinn beraubst, wird leben
Und dich schwer verklagen. Ich nahm Euch
In mein Haus auf: nicht mit Räuberhänden
Solltet Ihr das gastfreundliche Äußre
Mir zerzausen. Was habt ihr nur vor?
CORNWALL Kommt, Sir, was habt Ihr da für Post aus Frankreich?

Reg. Be simple answer'd, for we know the truth.
Corn. And what confederacie haue you with the Trai-
   tors, late footed in the Kingdome?
Reg. To whose hands
   You haue sent the Lunaticke King: Speake.
Glou. I haue a Letter guessingly set downe
   Which came from one that's of a newtrall heart,
   And not from one oppos'd.
Corn. Cunning.
Reg. And false.
Corn. Where hast thou sent the King?
Glou. To Douer.
Reg. Wherefore to Douer?
   Was't thou not charg'd at perill.
Corn. Wherefore to Douer? Let him answer that.
Glou. I am tyed to'th'Stake,
   And I must stand the Course.
Reg. Wherefore to Douer?
Glou. Because I would not see thy cruell Nailes
   Plucke out his poore old eyes: nor thy fierce Sister,

In his Annointed flesh, sticke boarish phangs.
The Sea, with such a storme as his bare head,

In Hell-blacke-night indur'd, would haue buoy'd vp
And quench'd the Stelled fires:
Yet poore old heart, he holpe the Heauens to raine.
If Wolues had at thy Gate howl'd that sterne time,
Thou should'st haue said, good Porter turne the Key:
All Cruels else subscribe: but I shall see
The winged Vengeance ouertake such Children.

REGAN In klaren Worten, denn wir wissen alles.
CORNWALL Und die den Fuß in unser Land gesetzt:
 Wie seid mit den Rebellen Ihr verschworen?
REGAN In deren Hände Ihr den Spinnerkönig
 Geliefert habt: so sagt schon!
GLOSTER   Einen Brief
 Erhielt ich voller Fragen: sein Verfasser
 Ist neutral, kein Feind.
CORNWALL   Sehr schlau.
REGAN   Und unwahr.
CORNWALL Wo schicktest du den König hin?
GLOSTER   Nach Dover.
REGAN Weshalb nach Dover? War dir nicht bei Strafe –

CORNWALL Weshalb nach Dover? Er soll Antwort geben!
GLOSTER Am Pfahl der Bär bin ich, ihr seid die Meute.

REGAN Weshalb nach Dover?
GLOSTER   Weil ich, wenn dir einfiel
 Mit spitzen Nägeln ihm die Augen auszukratzen
 Nicht zusehn wollte, noch der Schwester, wie sie
 In sein gesalbtes Fleisch die Hauer schlägt.
 Selbst die See, in einem solchen Sturm
 Wie ihn sein ungeschütztes Haupt ertrug
 In höllenschwarzer Nacht, begehrte auf
 Und löschte feste Sterne aus. Er aber
 Armes, altes Herz, er half den Himmeln
 Regnen. Heulten Wölfe um die Stunde
 Dieser Schrecken dir am Tor, du hättest
 Gerufen: Guter Pförtner, dreh den Schlüssel!
 Jeder Unmensch wäre andern Sinns geworden:
 Doch sehen werde ich: auch solcher Kinder
 Bemächtigen, im Flug, sich Rachegeister.

Corn. See't shalt thou neuer. Fellowes hold ye Chaire,
  Vpon these eyes of thine, Ile set my foote.
Glou. He that will thinke to liue, till he be old,
  Giue me some helpe. —— O cruell! O you Gods.
Reg. One side will mocke another: Th'other too.
Corn. If you see vengeance.
Seru. Hold your hand, my Lord:
  I haue seru'd you euer since I was a Childe:
  But better seruice haue I neuer done you,
  Then now to bid you hold.
Reg. How now, you dogge?
Ser. If you did weare a beard vpon your chin,
  I'ld shake it on this quarrell. What do you meane?

Corn. My Villaine?
Seru. Nay then come on, and take the chance of anger.

Reg. Giue me thy Sword. A pezant stand vp thus?
            Killes him.
Ser. Oh I am slaine: my Lord, you haue one eye left
  To see some mischefe on him. Oh.
Corn. Lest it see more, preuent it; Out vilde gelly:
  Where is thy luster now?

Glou. All datke and comfortlesse?
  Where's my Sonne *Edmund*?
  Edmund, enkindle all the sparkes of Nature
  To quit this horrid acte.
Reg. Out treacherous Villaine,
  Thou call'st on him, that hates thee. It was he
  That made the ouerture of thy Treasons to vs:

CORNWALL Nie sollst du's sehen. Leute, packt den Stuhl!
 Auf deine Augen setze ich den Fuß.
GLOSTER Er, der gedenkt, in Ehren alt zu werden
 Helfe mir! O grausam! O, ihr Götter!
REGAN Die Seite höhnt die andre: auch das zweite!
CORNWALL Siehst du gleich noch Rache –
KNECHT 1 Herr, laßt ab.
 Seit ich ein Kind war, hab ich Euch gedient
 Doch nie so gut wie jetzt, wo ich Euch bitte
 Haltet ein.
REGAN Du wagst es, Hund?
KNECHT 1 Trügt Ihr
 'nen Bart am Kinn, in dem Streit zög ich dran.
REGAN Was soll das heißen?
CORNWALL Sagt mein Leibknecht das?
KNECHT 1 Na schön, dann kommt, und zeigt, was Wut vermag.
REGAN Gib mir den Dolch. Schluß mit dem Bauernaufstand.
KNECHT 1 O! Abgestochen. Herr, ein Auge bleibt Euch
 Ihn im Pech zu sehen. O!
CORNWALL Daran
 Hindert es! Raus, ekler Glibber! Wo
 Ist jetzt dein Licht?
GLOSTER Schwarz alles, ohne Trost.
 Wo ist mein Sohn Edmund? Edmund, in dir
 Bring alle Funken der Natur zum Glühen
 Und vergilt den Greuel.
REGAN Aus, Betrüger!
 Ihn rufst du, der dich haßt;
 Er wars, der deinem Hochverrat vor uns
 Die Decke wegzog: er, der viel zu gut ist

Who is too good to pitty thee.
Glou. O my Follies! then *Edgar* was abus'd,
Kinde Gods, forgiue me that, and prosper him.

Reg. Go thrust him out at gates, and let him smell
His way to Douer. *Exit with Glouster.*
How is't my Lord? How looke you?
Corn. I haue receiu'd a hurt: Follow me Lady;
Turne out that eyelesse Villaine: throw this Slaue
Vpon the Dunghill: *Regan*, I bleed apace,
Vntimely comes this hurt. Giue me your arme. *Exeunt.*

Actus Quartus. Scena Prima.

Enter Edgar.

Edg. Yet better thus, and knowne to be contemn'd,
Then still contemn'd and flatter'd, to be worst:
The lowest, and most deiected thing of Fortune,
Stands still in esperance, liues not in feare:
The lamentable change is from the best,
The worst returnes to laughter. Welcome then,
Thou vnsubstantiall ayre that I embrace:
The Wretch that thou hast blowne vnto the worst,
Owes nothing to thy blasts.

Enter Glouster, and an Old man.
But who comes heere? My Father poorely led?
World, World, O world!
But that thy strange mutations make vs hate thee,
Life would not yeelde to age.

Um dich zu bedauern.
GLOSTER   O, ich Narr!
Dann tat ich Edgar unrecht! Gute Götter!
Wie ihr das mir vergebt, so steht ihm bei.
REGAN Geht, werft ihn vors Tor, den Weg nach Dover
Mag er sich erschnüffeln. Wie seht Ihr aus?

CORNWALL Ich bin verwundet worden. Folgt mir, Lady.
Das augenlose Aas setzt vor die Tür.
Und mit dem Volksheld auf den Mist. Ich blute
Stark. Ein Loch zur Unzeit. Euren Arm.   *Alle ab.*

IV, 1

Edgar.

EDGAR Dann lieber so, und wissen, ich bin unten
Als unten sein und sich doch vorzumachen
Ganz unten bin ich nicht: dem ärmsten Wesen
Auf das Fortuna nur herabsieht, bleibt
Ja noch Hoffnung, es lebt nicht in Angst:
Ungut ist nur der Umschwung weg vom bessren
Vom untersten führt er zurück zur Freude.
Willkommen also, körperloser Wind
Sei mir umarmt: der arme Hund, den du
Bis ganz nach unten wehtest, schuldet
Deinen Stößen nichts. Doch wer kommt da?
       Gloster und ein Alter.
Mein Vater, arm, mit einem, der ihn führt?
Welt, Welt, o Welt! Dein wüstes Auf und Ab
Läßt uns dich hassen, anders unterwürfe
Kein Leben sich dem Altern.

Oldm. O my good Lord, I haue bene your Tenant,
 And your Fathers Tenant, these fourescore yeares.

Glou. Away, get thee away: good Friend be gone,
 Thy comforts can do me no good at all,
 Thee, they may hurt.
Oldm. You cannot see your way.
Glou. I haue no way, and therefore want no eyes:
 I stumbled when I saw. Full oft 'tis seene,
 Our meanes secure vs, and our meere defects
 Proue our Commodities. Oh deere Sonne Edgar,
 The food of thy abused Fathers wrath:
 Might I but liue to see thee in my touch,
 I'ld say I had eyes againe.
Oldm. How now? who's there?
Edg. O Gods! Who is't can say I am at the worst?
 I am worse then ere I was.
Old. 'Tis poore mad Tom.
Edg. And worse I may be yet: the worst is not,
 So long as we can say this is the worst.
Oldm. Fellow, where goest?
Glou. Is it a Beggar-man?
Oldm. Madman, and beggar too.
Glou. He has some reason, else he could not beg.
 I'th'last nights storme, I such a fellow saw;
 Which made me thinke a Man, a Worme. My Sonne
 Came then into my minde, and yet my minde
 Was then scarse Friends with him.
 I haue heard more since:
 As Flies to wanton Boyes, are we to th'Gods,
 They kill vs for their sport.

ALTER O Mylord!
Euch und Eurem Vater war ich Pächter
Achtzig Jahre lang.
GLOSTER Weg, geh nur weg, Freund;
Dein Mitgefühl hilft mir zu nichts
Dir kann es schaden.
ALTER Wie wollt Ihr den Weg sehn?
GLOSTER Ich habe keinen Weg. Was brauch ich Augen?
Ich sah erst, als ich strauchelte. Wies oft ist:
Was wir haben, macht uns sicher, und dann hilft uns
Nur, was uns mangelt, auf. O liebster Edgar!
Genährt hast du verirrten Vaterzorn;
Könnt ich dich einmal noch mit Händen sehen
Augen hätt ich wieder.
ALTER He? Wer da?
EDGAR O Götter! Wer kann sagen, er sei unten?
Ich bin weiter unten als ich war.
ALTER Es ist der arme Tom, der Hirnverstörte.
EDGAR Und könnte weiter unten sein; der ist nicht
Ganz unten, der von sich sagt, er sei unten.
ALTER Bursche, wohin?
GLOSTER Ist das ein Bettelbruder?
ALTER Ein Wirrkopf und ein Bettler.
GLOSTER Bei Verstand
Muß er sein, sonst könnte er nicht betteln.
Ich sah so wen im Sturm der letzten Nacht
Und mir schien der Mensch ein Wurm. Da kam
Der Gedanke mir an meinen Sohn
Obwohl ich da kaum freundlich von ihm dachte.
Ich weiß jetzt mehr: die Götter tun mit uns
Was mutwillige Knaben tun mit Fliegen :
Aus Jux zerquetschen.

Edg. How should this be?
   Bad is the Trade that must play Foole to sorrow,
   Ang'ring it selfe, and others. Blesse thee Master.
Glou. Is that the naked Fellow?
Oldm. I, my Lord.
Glou. Get thee away: If for my sake
   Thou wilt ore-take vs hence a mile or twaine
   I'th'way toward Douer, do it for ancient loue,
   And bring some couering for this naked Soule,
   Which Ile intreate to leade me.

Old. Alacke sir, he is mad.
Glou. 'Tis the times plague,
   When Madmen leade the blinde:
   Do as I bid thee, or rather do thy pleasure:
   Aboue the rest, be gone.
Oldm. Ile bring him the best Parrell that I haue
   Come on't, what will.   *Exit*
Glou. Sirrah, naked fellow.
Edg. Poore Tom's a cold. I cannot daub it further.
Glou. Come hither fellow.
Edg. And yet I must:
   Blesse thy sweete eyes, they bleede.
Glou. Know'st thou the way to Douer?
Edg. Both style, and gate; Horseway, and foot-path:
   poore Tom hath bin scarr'd out of his good wits. Blesse
   thee good mans sonne, from the foule Fiend.

Glou. Here take this purse, yu whom the heau'ns plagues
   Haue humbled to all strokes: that I am wretched
   Makes thee the happier: Heauens deale so still:
   Let the superfluous, and Lust-dieted man,

EDGAR Wie geht es nun weiter?
  Kein schönes Handwerk ist, dem Leid ein Narr sein
  Sich selbst und alle ärgernd. Segen Euch, Herr.
GLOSTER Ist das der nackte Bursche?
ALTER Ja, Mylord.
GLOSTER Dann, bitte, geh nach Hause. Willst du uns
  Aus alter Treue, ein, zwei Meilen weiter
  Auf dem Weg nach Dover wiedertreffen
  Komm. Und bring der nackten Seele, die ich hiermit
  Höflichst ersuche, mich zu führen, etwas
  Zum Anziehn mit.
ALTER Ach je, Sir, er ist irre.
Gloster Die kranke Zeit will: Irre führen Blinde.
  Tu, was ich dich bitte, oder besser
  Tu, was Dir gefällt. Vor allem geh.

ALTER Das beste Zeug, das da ist, bring ich ihm
  Es werde draus, was will. *Ab.*
GLOSTER Mein nackter Freund –
EDGAR Tom hat kalt. – Ich kann nicht weiterkaspern.
GLOSTER Komm zu mir, Freund.
EDGAR Und doch, ich muß:
  Gesegnet sei dein Blut aus lieben Augen.
GLOSTER Kennst Du den Weg nach Dover?
EDGAR Mauertritt sowohl als Gatterpforte, Hufweg wie
  Trampelpfad. Aus seinem schlauen Kopf gegrault haben
  sie den armen Tom: Segen schütze den Sohn dieses guten
  Mannes vor dem bösen Feind!
GLOSTER Hier, nimm die Börse. Dich, den die Verfolgung
  Des Himmels jedem Hieb gefügig machte:
  Dich darf es freuen, daß ich elend bin.
  Weiter so, ihr Himmel! Gebt dem Reichen

That slaues your ordinance, that will not see
Because he do's not feele, feele your powre quickly:
So distribution should vndoo excesse,
And each man haue enough. Dost thou know Douer?

Edg. I Master.
Glou. There is a Cliffe, whose high and bending head
Lookes fearfully in the confined Deepe:
Bring me but to the very brimme of it,
And Ile repayre the misery thou do'st beare
With something rich about me: from that place,
I shall no leading neede.
Edg. Giue me thy arme;
Poore Tom shall leade thee. Exeunt.

Scena Secunda.

Enter Gonerill, Bastard, and Steward.

Gon. Welcome my Lord. I meruell our mild husband
Not met vs on the way. Now, where's your Master?

Stew. Madam within, but neuer man so chang'd:
I told him of the Army that was Landed:
He smil'd at it. I told him you were comming,
His answer was, the worse. Of Glosters Treachery,
And of the loyall Seruice of his Sonne
When I inform'd him, then he call'd me Sot,

And told me I had turn'd the wrong side out:

Dem Übersättigten, der eure Satzung
Schleifte, der nichts sieht, weil er nichts fühlt
Schnell eure Kraft zu schmecken. Dem Exzeß
Setzt Umverteilung so ein Ende, und ein jeder
Erhält genug. Du kennst auch Dover?
EDGAR Ja, Herr.
GLOSTER Ein Kliff ist dort, das mit gebeugtem Haupt
In einen schroffen Abgrund schaudernd blickt;
An dessen letzte Kante bringst du mich
Und ich vergelte dir erlittne Armut
Mit einer Kostbarkeit von mir. Ab da
Brauch ich keinen Führer.
EDGAR Eure Hand:
Der arme Tom geleitet Euch.

IV, 2

Goneril, Edmund, Oswald.

GONERIL Mylord, willkommen. Was mich wundert, ist
Daß mein lieber Mann uns nicht empfängt.
Dein Herr, wo steckt er denn?
OSWALD Im Hause, Madam;
Doch so verändert, wie vor ihm kein Mann;
Ich sagte ihm, ein Heer sei angelandet
Er lächelte; ich sagte ihm, Ihr kämet
Er versetzte: um so schlimmer. Als ich
Von Glosters Hochverrat ihn informierte
Und von den treuen Diensten seines Sohnes
Nannte er mich Dummkopf und erklärte
Ich sähe alles aus dem falschen Winkel:

What most he should dislike, seemes pleasant to him;
What like, offensiue.
Gon. Then shall you go no further.
It is the Cowish terror of his spirit
That dares not vndertake: Hee'l not feele wrongs
Which tye him to an answer: our wishes on the way
May proue effects. Backe Edmond to my Brother,
Hasten his Musters, and conduct his powres.

I must change names at home, and giue the Distaffe
Into my Husbands hands. This trustie Seruant
Shall passe betweene vs: ere long you are like to heare

(If you dare venture in your owne behalfe)
A Mistresses command. Weare this; spare speech,
Decline your head. This kisse, if it durst speake
Would stretch thy Spirits vp into the ayre:
Conceiue, and fare thee well.
Bast. Yours in the rankes of death. *Exit.*
Gon. My most deere Gloster.
Oh, the difference of man, and man,
To thee a Womans seruices are due,
My Foole vsurpes my body.
Stew. Madam, here come's my Lord.
Enter Albany.
Gon. I haue beene worth the whistle.
Alb. Oh Gonerill,
You are not worth the dust which the rude winde
Blowes in your face.
Gon. Milke-Liuer'd man,

Was ihm nicht lieb sein kann, scheint ihm erfreulich
Was lieb, verdrießlich.
GONERIL Dann laßt ab von ihm.
Feiger Terror herrscht in seinem Herzen
Und unterdrückt es. Unrecht, das ihn zwänge
Zu reagieren, übersieht er einfach.
Unsre Gebete auf dem Herritt
Es scheint, als wirkten sie. Auf, Edmund
Zurück zu meinem Schwager. Seine Werbung
Treibt voran und ordnet seine Kräfte.
Ich muß hier Wappen wechseln und das Spinnrad
Den Händen meines Gatten anvertrauen.
Der treue Diener hält uns in Verbindung.
Binnen kurzem sollt Ihr, seid Ihr willens
In eigner Sache Euch hervorzuwagen
Von einer Frau den Marschbefehl erhalten.
Tragt dies. Sagt nichts. Den Kopf neigt. Dieser Kuß
Wärs ihm erlaubt zu sprechen, sprengte deine
Lebensgeister hoch in alle Lüfte.
Nimm ihn und leb wohl.
EDMUND Dein noch im Tod. *Ab.*
GONERIL MEIN liebster Gloster! O, wie Mann und Mann
Sich unterscheiden! Du darfst wohl erwarten
Daß eine Frau dir folgt. Mein Narr belagert
Nur meinen Leib.
OSWALD Madam, hier naht der Herzog. *Ab.*
Albany.
GONERIL Es gab 'ne Zeit, da war ich einen Pfiff wert.
ALBANY O Goneril, Ihr seid den Staub nicht wert
Den grober Wind Euch ins Gesicht bläst.

GONERIL Milchherz!

> That bear'st a cheeke for blowes, a head for wrongs,
> Who hast not in thy browes an eye-discerning
> Thine Honor, from thy suffering,

Alb. See thy selfe diuell:
> Proper deformitie seemes not in the Fiend
> So horrid as in woman.

Gon. Oh vaine Foole.

Enter a Messenger.

Mes. Oh my good Lord, the Duke of Cornwals dead,
> Slaine by his Seruant, going to put out
> The other eye of Glouster.

Alb. Glousters eyes.

Mes. A Seruant that he bred, thrill'd with remorse,
> Oppos'd against the act: bending his Sword
> To his great Master, who, threat-enrag'd
> Flew on him, and among'st them fell'd him dead,
> But not without that harmefull stroke, which since
> Hath pluckt him after.

Alb. This shewes you are aboue
> You Iustices, that these our neather crimes
> So speedily can venge. But (O poore Glouster)
> Lost he his other eye?

Mes. Both, both, my Lord.
> This Leter Madam, craues a speedy answer:
> 'Tis from your Sister.

Gon. One way I like this well,
> But being widdow, and my Glouster with her,
> May all the building in my fancie plucke
> Vpon my hatefull life. Another way

Das nur für Schläge eine Wange hat,
Nur einen Kopf zum Ducken, in den Augen
Keinen Blick für Ehre oder Schande.
ALBANY Sieh dich selbst an, Teufelin! Entmenschung
Schreckt nicht am Erzfeind wie an einer Frau.

GONERIL Du armer Narr!
      Ein Bote.
BOTE   O, bester Herr, der Herzog
Cornwall ist tot, erschlagen von sei'm Leibknecht
Als er eben Glosters andres Auge
Zertreten wollte –
ALBANY   Glosters andres Auge?
BOTE Ein Knecht vom Haus, den das Gewissen spornte
Widersetzte sich der Tat und zog
Gegen seinen Herrn das Schwert; worauf
Der rasend auf ihn losging und ihn totschlug
Zuvor jedoch den Streich empfing, der ihn
Jetzt nachgezogen hat.
ALBANY   Das zeigt uns, oben
Gibt es euch, ihr Richter, die, was wir
Hier unten fehltun, schleunig rächen können.
O, Gloster! Ärmster! Doch das andre Auge
Verlor er das auch?
BOTE   Beide, beide, Herr!
Der Brief hier, Madam, will 'ne schnelle Antwort
Er ist von Eurer Schwester.
GONERIL   Einerseits
Gefällt mir das: nur kann sie, andrerseits
Nunmehr Witwe, und mit meinem Gloster
Neben sich, mein schönes Luftschloß mir
Auf mein verhaßtes Leben krachen lassen;

The Newes is not so tart. Ile read, and answer.

Alb. Where was his Sonne,
  When they did take his eyes?
Mes. Come with my Lady hither.
Alb. He is not heere.
Mes. No my good Lord, I met him backe againe.

Alb. Knowes he the wickednesse?
Mes. I my good Lord: 'twas he inform'd against him
  And quit the house on purpose, that their punishment
  Might haue the freer course.
Alb. Glouster, I liue
  To thanke thee for the loue thou shew'dst the King,
  And to reuenge thine eyes. Come hither Friend,
  Tell me what more thou know'st.   *Exeunt.*

Scena Tertia.

*Enter with Drum and Colours, Cordelia, Gentlemen,
and Souldiours.*

Cor. Alacke, 'tis he: why he was met euen now
  As mad as the vext Sea, singing alowd,
  Crown'd with ranke Fenitar, and furrow weeds,
  With Hardokes, Hemlocke, Nettles, Cuckoo flowres,
  Darnell, and all the idle weedes that grow
  In our sustaining Corne. A Centery send forth;
  Search euery Acre in the high-growne field,

In jedem Fall: schlecht ist die Nachricht nicht.
Ich lese rasch und will ihr Antwort geben. *Ab.*
ALBANY Beim Raub des Augenlichts, wo war sein Sohn da?

BOTE Mit meiner Lady auf dem Weg hierher.
ALBANY Hier ist er nicht.
BOTE   Nein, bester Herr; ich traf ihn
Schon auf dem Rückweg.
ALBANY   Weiß er von der Untat?
BOTE Ja, bester Herr. Er war's, der Herzog Gloster
Verriet und dann das Haus verließ, damit
Ihre Strafe frei zum Zug kam.
ALBANY   Gloster
Ich lebe, um für deine Königstreue
Dir zu danken und für deine Augen
Dich zu rächen. Komm, begleite mich
Mein Freund, erzähl mir alles, was du weißt. *Beide ab.*

IV, 3

Cordelia, Ritter, Soldaten mit Trommeln und Fahnen.

CORDELIA Ach ja, 's ist er: er wurde grad gesichtet
Außer sich wie aufgewühltes Salzmeer
Lauthals singend; Kränze krönen ihn
Von Erdrauchranken und von Kuckucksblumen
Von Ampfer, Schierling, Nesseln, Weidelgras
Von Zahnwurz und den andern dummen Kräutern
Die unser gutes Korn durchwuchern. Sendet
Eine Hundertschaft, den hohen Feldrain

And bring him to our eye. What can mans wisedome
In the restoring his bereaued Sense; he that helpes him,
Take all my outward worth.

Gent. There is meanes Madam:
Our foster Nurse of Nature, is repose,
The which he lackes: that to prouoke in him
Are many Simples operatiue, whose power
Will close the eye of Anguish.
Cord. All blest Secrets,
All you vnpublish'd Vertues of the earth
Spring with my teares; be aydant, and remediate
In the Goodmans desires: seeke, seeke for him,
Least his vngouern'd rage, dissolue the life
That wants the meanes to leade it.

Enter Messenger.

Mes. Newes Madam,
The Brittish Powres are marching hitherward.
Cor. 'Tis knowne before. Our preparation stands
In expectation of them. O deere Father,
It is thy businesse that I go about: Therfore great France
My mourning, and important teares hath pittied:
No blowne Ambition doth our Armes incite,
But loue, deere loue, and our ag'd Fathers Rite:
Soone may I heare, and see him. *Exeunt.*

Sorgfältig abzusuchen und dann bringt ihn
Vor unser Auge. Was trägt Menschenklugheit
Zur Rettung der geraubten Sinne bei?
Dem, der ihm hilft, gehört, was ich besitze.
EDELMANN Madam, solche Mittel finden sich.
Die Amme der Natur heißt Ruhe, die
Entbehrt er; sie in ihm zu wecken, helfen
Viele schlichte Mittel, deren Kraft
Das Auge seiner Qual ihm schließen kann.
CORDELIA All ihr gesegneten Verborgenheiten
All ihr geheimen Tugenden der Erde
Erwachst aus meinen Tränen! Helft und heilt
Zu seinem Besten diesen braven Mann!
Sucht, sucht ihn, daß sein unbeherrschtes Rasen
Ihn nicht vom Leben löst, dem alle Mittel
Sich selbst zu lenken, fehlen.
Bote.
BOTE   Meldung, Madam:
Die Heeresmacht Britanniens nähert sich.
CORDELIA Das wissen wir. Wir stehen vorbereitet
Sie zu empfangen. O, geliebter Vater
Dein Amt ist es, das ich besorgen muß
Darum rührten Frankreichs großen König
Mein Klagen und die unentwegten Tränen.
Kindesliebe ruft uns zu den Waffen
Sein Recht dem greisen Vater zu verschaffen.
Daß ich nur bald ihn hören darf und sehen.

Scena Quarta.

Enter Regan, and Steward.

Reg. But are my Brothers Powres set forth?
Stew. I Madam,
Reg. Himselfe in person there?
Stew. Madam with much ado:
　Your Sister is the better Souldier.
Reg. Lord Edmund spake not with your Lord at home?
Stew. No Madam.
Reg. What might import my Sisters Letter to him?
Stew. I know not, Lady.
Reg. Faith he is poasted hence on serious matter:
　It was great ignorance, Glousters eyes being out
　To let him liue. Where he arriues, he moues
　All hearts against vs: Edmund, I thinke is gone
　In pitty of his misery, to dispatch
　His nighted life: Moreouer to descry
　The strength o'th'Enemy.

Stew. I must needs after him, Madam, with my Letter.

Reg. Our troopes set forth to morrow, stay with vs:
　The wayes are dangerous.
Stew. I may not Madam:
　My Lady charg'd my dutie in this busines.
Reg. Why should she write to Edmund?
　Might not you transport her purposes by word? Belike,
　Some things, I know not what. Ile loue thee much

IV, 4

Regan, Oswald.

REGAN Mein Schwager gab den Marschbefehl?
OSWALD   Ja, Madam.
REGAN Sich selbst auch?
OSWALD   Madam, nach viel Umschweif.
  Der strammere Soldat ist Eure Schwester.
REGAN Lord Edmund sprach den Grafen nicht?
OSWALD   Nein, Madam.
REGAN Was schreibt ihm meine Schwester?
OSWALD   Weiß nicht, Lady.
REGAN Es muß, schnell, wie er wieder weg ritt, etwas
  Von Gewicht geschehen sein. Sehr unklug
  War es, Gloster zwar die Glubscher, aber
  Nicht das Leben auszutreten; wo er auftaucht
  Macht er Stimmung gegen uns. Ich denke
  Edmund kehrte um aus Mitgefühl
  Ihm das geschwärzte Dasein zu verkürzen
  Vor allem aber, um des Feindes Stärke
  Auszuspähen.
OSWALD   Madam, ich muß dringend
  Ihm nach mit meinem Brief.
REGAN   Das Heer rückt morgen
  Vor; bleib hier, die Straßen sind gefährlich.
OSWALD Ich darf nicht, Madam, meine Lady band
  Mir's auf die Seele.
REGAN   Warum schreibt sie Edmund?
  Kannst du, was sie will, ihm nicht in Worten
  Überbringen? Höchstwahrscheinlich handelt
  Es sich um Dinge – ach, was weiß denn ich.

Let me vnseale the Letter.

Stew. Madam, I had rather----
Reg. I know your Lady do's not loue her Husband,
 I am sure of that: and at her late being heere,
 She gaue strange Eliads, and most speaking lookes
 To Noble Edmund. I know you are of her bosome.

Stew. I, Madam?
Reg. I speake in vnderstanding: Y'are: I know't,
 Therefore I do aduise you take this note:
 My Lord is dead: Edmond, and I haue talk'd,
 And more conuenient is he for my hand
 Then for your Ladies: You may gather more:
 If you do finde him, pray you giue him this;
 And when your Mistris heares thus much from you,
 I pray desire her call her wisedome to her.
 So fare you well:
 If you do chance to heare of that blinde Traitor,
 Preferment fals on him, that cuts him off.
Stew. Would I could meet Madam, I should shew
 What party I do follow.

Reg. Fare thee well. *Exeunt*

Scena Quinta.

Enter Gloucester, and Edgar.

Glou. When shall I come to th'top of that same hill?
Edg. You do climbe vp it now. Look how we labor.
Glou. Me thinkes the ground is eeuen.

Ich werde es dir überreich entlohnen:
Laß mich den Brief entsiegeln.
OSWALD   Madam, eher –
REGAN Ich weiß, daß Eure Lady ihren Mann
Nicht liebt; ich bin mir dessen sicher: als sie
Zuletzt hier auftrat, glänzten ihre Augen
Sah sie den schönen Edmund, und sie warf ihm
Beredte Blicke zu. Ihr seid ihr Busenfreund.
OSWALD Ich, Madam?
REGAN   Ihr. Ich weiß, wovon ich spreche.
Drum weise ich Euch an, Euch dies zu merken:
Tot ist mein Mann. Mit Edmund bin ich einig:
An seine Hand paßt mein Ring sehr viel besser
Als der von Eurer Lady. Denkt gern weiter.
Findet Ihr ihn, gebt ihm das von mir;
Und Eurer Herrin, hat sie Euch bis hierhin
Angehört, empfehl ich Selbstbeherrschung.
So, nun lebt wohl. Und will's der Zufall, daß Ihr
Von dem blinden Spitzel was vernehmt:
Der wird erblühen, der ihn stutzt.
OSWALD   Ich wollt'
Ich träf ihn, Madam; zeigen würde ich
Wer mich auf seiner Seite hat.
REGAN   Leb wohl.

IV, 5

Gloster, Edgar.

GLOSTER Wann endlich bin ich oben auf dem Kliff?
EDGAR Ihr seid im Aufstieg. Merkt nur, welche Mühe.
GLOSTER Mir scheint, der Grund ist eben.

Edg. Horrible steepe.
Hearke, do you heare the Sea?
Glou. No truly.
Edg. Why then your other Senses grow imperfect
By your eyes anguish.
Glou. So may it be indeed.
Me thinkes thy voyce is alter'd, and thou speak'st
In better phrase, and matter then thou did'st.

Edg. Y'are much deceiu'd: In nothing am I chang'd
But in my Garments.
Glou. Me thinkes y'are better spoken.
Edg. Come on Sir,
Heere's the place: stand still: how fearefull
And dizie 'tis, to cast ones eyes so low,
The Crowes and Choughes, that wing the midway ayre
Shew scarse so grosse as Beetles. Halfe way downe
Hangs one that gathers Sampire: dreadfull Trade:

Me thinkes he seemes no bigger then his head.
The Fishermen, that walk'd vpon the beach
Appeare like Mice: and yond tall Anchoring Barke,
Diminish'd to her Cocke: her Cocke, a Buoy
Almost too small for sight. The murmuring Surge,

That on th'vnnumbred idle Pebble chafes
Cannot be heard so high. Ile looke no more,
Least my braine turne, and the deficient sight
Topple downe headlong.

Glou. Set me where you stand.
Edg. Giue me your hand:

EDGAR   Schrecklich steil.
  Horcht! Hört Ihr die See?
GLOSTER   Nein, überhaupt nicht.
EDGAR Ja, dann ließ der Schmerz in Euren Augen
  Auch Eure andern Sinne leiden.
GLOSTER   Möglich.
  Deine Stimme klingt verändert, scheint mir
  Und du sprichst, was Sinn und Wortwahl angeht
  Klarer als zuvor.
EDGAR   Ihr täuscht Euch da.
  Ich bin, bis auf die Kleidung, ganz der alte.
GLOSTER Mir scheinst du sprachgewandter.
EDGAR   Kommt, Sir
  Wir sind da. Steht still. Wie ängstlich macht es
  Und wie schwindlig uns, die Blicke derart
  Tief hinab zu werfen! Da im Hangwind
  Auf halber Höhe kreisen, klein wie Käfer
  Die Dohlen und die Krähen, unter ihnen
  Hängt sehr gewagt ein Fenchelsammler
  Der mir nicht größer scheint als seine Mütze.
  Die Fischersleute, die den Strand bevölkern
  Sind wie Mäuse winzig, und die Barke
  Die stolz da ankernde, schrumpft auf die Länge
  Ihres Beiboots, und dies Beiboot zu 'ner Boje
  Fast nicht mehr zu sehn. Die Meeresbrandung
  Die unzählbare Kiesel sinnlos hin
  Und her rollt, hört man nicht hier oben. Besser
  Ich schau weg, eh sich das Hirn mir dreht
  Und mich der schwanke Blick Fuß über Kopf
  Hinunterstürzt.
GLOSTER   Stell mich dahin, wo du stehst.
EDGAR Reicht mir die Hand; kein fußbreit weg seid Ihr

You are now within a foote of th'extreme Verge:
For all beneath the Moone would I not leape vpright.

Glou. Let go my hand:
Heere Friend's another purse: in it, a Iewell
Well worth a poore mans taking. Fayries, and Gods
Prosper it with thee. Go thou further off,
Bid me farewell, and let me heare thee going.

Edg. Now fare ye well, good Sir.

Glou. With all my heart.
Edg. Why I do trifle thus with his dispaire,
Is done to cure it.
Glou. O you mighty Gods!
This world I do renounce, and in your sights
Shake patiently my great affliction off:
If I could beare it longer, and not fall
To quarrell with your great opposelesse willes,
My snuffe, and loathed part of Nature should
Burne it selfe out. If Edgar liue, O blesse him:
Now Fellow, fare thee well.

Edg. Gone Sir, farewell:
And yet I know not how conceit may rob
The Treasury of life, when life it selfe
Yeelds to the Theft. Had he bin where he thought,
By this had thought bin past. Aliue, or dead?
Hoa, you Sir: Friend, heare you Sir, speake:
Thus might he passe indeed: yet he reuiues.
What are you Sir?

Vom letzten Rand der Kante. Hier auch nur
Hoch zu hüpfen, fiele mir um alles
Unterm Mond nicht ein.
GLOSTER   Laß meine Hand los.
Hier, Freund, noch ein Beutel, drin ein Stein
Der wert ist, daß ein armer Mann ihn aufhebt:
Mögen Feen und Götter es dir mehren.
Tritt ein Stück weit weg; sag mir Lebwohl
Und laß mich hören, daß du gehst.
EDGAR   Lebt wohl
Geliebter Sir.
GLOSTER   Aus vollem Herzen will ichs.
EDGAR Warum ich sein Verzweifeltsein so täusche?
Um es zu heilen.
GLOSTER   O, ihr großen Götter!
Dieser Welt entsage ich und schüttle
Mein schweres Schicksal unter euren Augen
Ergeben ab. Ertrüge ich es länger
Und verfiele nicht dem Streit mit eurem
Hohen, unbeugsamen Willen, dann
Sollte mir mein Restchen Lebensdocht
Von selbst herunterbrennen. Edgar, lebt er
O, segnet ihn. Nun, Kamerad, leb wohl.
EDGAR Weg bin ich Sir: macht's gut. Das weiß ich freilich
Nicht, ob Einbildung den Schatz des Lebens
Stehlen kann, sofern das Leben selbst
Dem Diebstahl zustimmt; wäre er gestanden
Wo er gedacht hat, wär jetzt Schluß mit Denken.
Am Leben oder tot? He, Ihr da, Sir!
Freund! Hört Ihr, Sir? Sprecht! Es sieht wirklich aus
Als stürbe er. Nein, er kommt wieder zu sich.
Wer seid Ihr, Sir?
GLOSTER   Verschwinde, laß mich sterben.

Glou. Away, and let me dye.
Edg. Had'st thou beene ought
 But Gozemore, Feathers, Ayre,
 (So many fathome downe precipitating)
 Thou'dst shiuer'd like an Egge: but thou do'st breath:
 Hast heauy substance, bleed'st not, speak'st, art sound,
 Ten Masts at each, make not the altitude
 Which thou hast perpendicularly fell,
 Thy life's a Myracle. Speake yet againe.
Glou. But haue I falne, or no?
Edg. From the dread Somnet of this Chalkie Bourne
 Looke vp a height, the shrill-gorg'd Larke so farre
 Cannot be seene, or heard: Do but looke vp.

Glou. Alacke, I haue no eyes:
 Is wretchednesse depriu'd that benefit
 To end it selfe by death? 'Twas yet some comfort,
 When misery could beguile the Tyrants rage,
 And frustrate his proud will.

Edg. Giue me your arme.
 Vp, so: How is't? Feele you your Legges? You stand.
Glou. Too well, too well.
Edg. This is aboue all strangenesse,
 Vpon the crowne o'th'Cliffe. What thing was that
 Which parted from you?
Glou. A poore vnfortunate Beggar.
Edg. As I stood heere below, me thought his eyes
 Were two full Moones: he had a thousand Noses,
 Hornes wealk'd, and waued like the enraged Sea:
 It was some Fiend: Therefore thou happy Father,

EDGAR Wärst du aus nichts als Spinnweb, Federn, Luft
Nach einem Sturz aus soviel Klaftern Höhe
Lägst du zerschmettert wie ein Ei. Du aber
Atmest, hältst zusammen, blutest nicht
Bist heil. Zehn Masten aufeinander messen
Dir nicht die Höhe, die du lotrecht fielst:
Dein Leben ist ein Wunder. Sag schon was.

GLOSTER Fiel ich oder nicht?
EDGAR   Vom Schreckensgipfel
Dieser Kreidewand. Sieh nur hinauf.
Die hoch gestimmte Lerche, von hier unten
Siehst du sie nicht, noch hörst du sie. Blick aufwärts!
GLOSTER Weh mir! Mir fehlen Augen. Wird dem Elend
Noch die Vergünstigung gestrichen, selber
Sich durch Tod zu enden? 's war doch tröstlich
Daß Trübsal die Tyrannenwut des Daseins
Zu hintergehen fähig war und seine Herrschsucht
Zu entmutigen.
EDGAR   Reicht mir den Arm
Und hoch! So. Geht's? Spürt Eure Beine? Steht Ihr?
GLOSTER Zu gut, zu gut.
EDGAR   Das ist mehr als befremdlich.
Was war das Ding, das oben auf der Zinne
Von Euch ging?
GLOSTER   Ein armseliger Bettler.
EDGAR Von hier unten schienen seine Augen
Mir zwei volle Monde, tausend Nasen
Hatte er, Gehörn gleich aufgeregten
Wogen, krumm und wellig: 's war ein Teufel
Drum schätze du dich glücklich, Alter, denk dir
Die vornehmsten der Götter, die wir ehren

Thinke that the cleerest Gods, who make them Honors
Of mens Impossibilities, haue preserued thee.
Glou. I do remember now: henceforth Ile beare
Affliction, till it do cry out it selfe
Enough, enough, and dye. That thing you speake of,
I tooke it for a man: often 'twould say
The Fiend, the Fiend, he led me to that place.

Edgar. Beare free and patient thoughts.
Enter Lear.
But who comes heere?
The safer sense will ne're accommodate
His Master thus.
Lear. No, they cannot touch me for crying. I am the
King himselfe.
Edg. O thou side-piercing sight!
Lear. Nature's aboue Art, in that respect. Ther's your
Presse-money. That fellow handles his bow, like a Crow-
keeper: draw mee a Cloathiers yard. Looke, looke, a
Mouse: peace, peace, this peece of toasted Cheese will
doo't. There's my Gauntlet, Ile proue it on a Gyant.
Bring vp the browne Billes. O well flowne Bird: i'th'
clout, i'th'clout: Hewgh. Giue the word.

Edg. Sweet Mariorum.
Lear. Passe.
Glou. I know that voice.
Lear. Ha! Gonerill with a white beard? They flatter'd
me like a Dogge, and told mee I had the white hayres in
my Beard, ere the blacke ones were there. To say I, and
no, to euery thing that I said: I, and no too, was no good
Diuinity. When the raine came to wet me once, and the

Weil sie tun, was uns unmöglich ist
Bewahrten dich.
GLOSTER   Ich weiß nun wieder. Künftig
Will ich mein Los ertragen, bis es selbst
Genug, genug! schreit und vergeht. Das Ding
Von dem du sprichst, ich hielts für einen Menschen
Öfters rief's: der Feind, der Feind! Er war es
Der mich an diese Stelle führte.
EDGAR   Von nun an
Sei guten Mutes. Aber wer kommt da?
Lear.
Kein klarer Kopf staffiert so seinen Herrn aus.

LEAR Nein, wegen der Schreiereien können sie mir nichts, ich bin der König.

EDGAR O, herzzerreißender Anblick!

LEAR Bei solchen Sachen geht die Natur vor, dann kommt die Kunst. Hier ist euer Handgeld. Der Bursche handhabt seinen Bogen, als wäre er 'ne Vogelscheuche, los, spannen, eine Schneiderelle. Seht, seht nur: ein Mäuschen. Frieden, Frieden! Dieser Krümel gebackener Käse ist mein Fehdehandschuh, und schon ist sie zahm: das klappt auch bei Riesen. Präsentiert die braunen Piken! O! Gut geflogen, Federchen! Ins Schwarze, ins Schwarze! Zisch! Parole!

EDGAR Süßer Majoran.

LEAR Passieren.

GLOSTER Die Stimme kenne ich.

LEAR Ha! Goneril mit Graubart? Sie schwänzelten vor mir wie ein Hund und schworen mir, ich hätte weiße Haare im Bart eh schwarze da waren. Ja zu sagen oder Nein zu allem, wozu ich Ja sagte oder Nein, das war keine wahre Gottesfurcht. Als der Regen einst kam, um mich naß zu

winde to make me chatter: when the Thunder would not
peace at my bidding, there I found 'em, there I smelt 'em
out. Go too, they are not men o'their words; they told
me, I was euery thing: 'Tis a Lye, I am not Agu-proofe.

Glou. The tricke of that voyce, I do well remember:
Is't not the King?
Lear. I, euery inch a King.
When I do stare, see how the Subiect quakes.
I pardon that mans life. What was thy cause?
Adultery? thou shalt not dye: dye for Adultery?
No, the Wren goes too't, and the small gilded Fly
Do's letcher in my sight. Let Copulation thriue:

For Glousters bastard Son was kinder to his Father,
Then my Daughters got 'tweene the lawfull sheets.

Too't Luxury pell-mell, for I lacke Souldiers.
Behold yond simpring Dame, whose face betweene her
Forkes presages Snow; that minces Vertue, & do's shake
the head to heare of pleasures name. The Fitchew, nor
the soyled Horse goes too't with a more riotous appetite: Downe from the waste they are Centaures, though
Women all aboue: but to the Girdle do the Gods inhe-
rit, beneath is all the Fiends. There's hell, there's darke-
nes, there is the sulphurous pit; burning, scalding, stench,
consumption: Fye, fie, fie; pah, pah: Giue me an Ounce
of Ciuet; good Apothecary sweeten my immagination:
There's money for thee.

Glou. O let me kisse that hand.

machen, und der Wind, um mit meinen Zähnen zu klappern, als der Donner trotz meiner Befehle keine Ruhe gab, da habe ich sie erwischt, da habe ich sie gerochen. Geht mir los, das waren keine Leute, deren Wort was wert war. Sie sagten, ich sei einfach alles: 's war gelogen, schnupfensicher bin ich nicht.

GLOSTER Die Stimme hab ich schon gehört: ist das
  Der König?
LEAR   Ja, jedweder Zoll ein König:
  Blick ich streng, seht, bebt der Untertan.
  Der Mann hier wird begnadigt. Was begingst du?
  Ehebruch? Du sollst nicht sterben: sterben
  Für Ehebruch? Nicht doch! Der Zeisig tut's
  Die kleine goldne Fliege treibt es direkt
  Vor meiner Nase. Hoch der Seitensprung!
  Denn Glosters Bankert war für seinen Vater
  'ne größere Freude als mir meine Töchter
  Empfangen in gesetzestreuen Laken.
  Auf, Geilheit, denn mir fehlt es an Soldaten.
  Seht doch die gezierte Dame, ihre Miene sagt uns Schnee in ihrer Gabelung voraus. Sie tut tugendsam und dreht den Kopf weg, hört sie nur das Wörtchen Lust. Aber ist es erst soweit, sind weder die Ratze noch die brünstige Stute mit wilderem Appetit bei der Sache. Zentauren sind sie von der Taille abwärts, machen sie darüber auch auf Dame. Bis zum Gürtel wohnen Götter, von da an herrscht der böse Feind: da herrscht die Hölle, da herrscht Finsternis, da liegt die Schwefelgrube – brennend, kochend von Gestank und Auszehr. Pfui, pfui, pfui! Puh! Puh! Apotheker, ein Löffelchen Moschus, daß ich mir meinen Albtraum überdufte. Hier hast du Geld.
GLOSTER O! Laßt die Hand mich küssen.

Lear. Let me wipe it first,
 It smelles of Mortality.
Glou. O ruin'd peece of Nature, this great world
 Shall so weare out to naught.
 Do'st thou know me?
Lear. I remember thine eyes well enough: dost thou
 squiny at me? No, doe thy worst blinde Cupid, Ile not
 loue. Reade thou this challenge, marke but the penning
 of it.

Glou. Were all thy Letters Sunnes, I could not see.
Edg. I would not take this from report,
 It is, and my heart breakes at it.
Lear. Read.
Glou. What with the Case of eyes?
Lear. Oh ho, are you there with me? No eies in your
 head, nor no mony in your purse? Your eyes are in a heauy case, your purse in a light, yet you see how this world
 goes.
Glou. I see it feelingly.
Lear. What, art mad? A man may see how this world
 goes, with no eyes. Looke with thine eares: See how
 yond Iustice railes vpon yond simple theefe. Hearke in
 thine eare: Change places, and handy-dandy, which is
 the Iustice, which is the theefe: Thou hast seene a Far-
 mers dogge barke at a Beggar?
Glou. I Sir.
Lear. And the Creature run from the Cur: there thou
 might'st behold the great image of Authoritie, a Dogg's
 obey'd in Office. Thou, Rascall Beadle, hold thy bloody
 hand: why dost thou lash that Whore? Strip thy owne
 backe, thou hotly lusts to vse her in that kind, for which

LEAR Laß sie mich erst wischen; sie riecht nach Verwesung.

GLOSTER O, du Bruchstück der Natur! So zerfällt die weite Welt zu nichts. Kennst du mich noch?

LEAR Ich erinnere mich ziemlich gut an deine Augen. Zwinkerst du mir zu? Nein, auch wenn du dich noch so anstrengst, blinder Cupido: ich werde nicht lieben. Lies du die Kriegserklärung, vor allem achte auf die Handschrift.
GLOSTER Ich sehe nichts, und wären alle Zeichen Sonnen.
EDGAR Das glaubt' ich keinem, der's erzählte. Doch ist es, und es bricht mein Herz.
LEAR Lies!
GLOSTER Was? Mit leeren Augen?
LEAR Oho! Kommst du mir so? Weder Augen im Kopf noch Geld im Beutel? Dein Kopf ist leer, weil die Augen weg sind, wie dein Beutel leer ist, weil das Geld weg ist, aber wie die Welt geht, siehst du doch.
GLOSTER Das sehe ich, indem ich es fühle.
LEAR Was? Spinnst du? Ein Mensch kann ohne Augen lesen, wie die Welt geht. Sieh mit deinen Ohren: schau nur, wie der Richter da den gewöhnlichen Dieb beschimpft. Hör, dir ins Ohr: tausch ihre Plätze, und, schwuppdiwupp, wer ist Richter, wer ist Dieb? Ein Hofhund kläfft einen Bettler an, gesehen?
GLOSTER Ja, Sir.
LEAR Und vor dem Köter rennt Gottes Ebenbild weg; da hast du ihn, den großen Aufriß der Ordnung: einem Hund im Amt wird gehorcht. Grober Büttel, schwing nicht die blutige Faust: was schlägst du die Dirne? Drisch den eignen Rücken! Heiß gelüstets dich, mit ihr zu tun,

thou whip'st her. The Vsurer hangs the Cozener. Thorough tatter'd cloathes great Vices do appeare: Robes, and Furr'd gownes hide all. Place sinnes with Gold, and the strong Lance of Iustice, hurtlesse breakes: Arme it in ragges, a Pigmies straw do's pierce it. None do's offend, none, I say none, Ile able 'em; take that of me my Friend, who haue the power to seale th'accusers lips. Get thee glasse-eyes, and like a scuruy Politician, seeme to see the things thou dost not. Now, now, now, now. Pull off my Bootes: harder, harder, so.

Edg. O matter, and impertinency mixt,
  Reason in Madnesse.
Lear. If thou wilt weepe my Fortunes, take my eyes.
  I know thee well enough, thy name is Glouster:
  Thou must be patient; we came crying hither:
  Thou know'st, the first time that we smell the Ayre
  We wawle, and cry. I will preach to thee: Marke.
Glou. Alacke, alacke the day.
Lear. When we are borne, we cry that we are come
  To this great stage of Fooles. This a good blocke:
  It were a delicate stratagem to shoo
  A Troope of Horse with Felt: Ile put't in proofe,
  And when I haue stolne vpon these Son in Lawes,
  Then kill, kill, kill, kill, kill, kill.

Enter a Gentleman.
Gent. Oh heere he is: lay hand vpon him, Sir.
  Your most deere Daughter----
Lear. No rescue? What, a Prisoner? I am euen

wofür dein Arm sie prügelt. Der Wucherer hängt den Taschendieb. Zerrissner Rock vergrößert kleinsten Fehl, Pelz und Amtstalar verbergen alles. Vergolde deine Übeltat und harmlos bricht Justitias scharfes Schwert dran ab, hüll sie in Lumpen und der Strohhalm des Pygmäen spießt sie auf. Keiner tut Unrecht, keiner, ich sage, keiner, ich spreche alle frei; glaub mir das, mein Freund, der ich fähig bin, den Mund des Kronanwalts zu versiegeln. Glasaugen leg dir zu, und dann, wie ein Berufspolitiker, tust du, als sähest du die Dinge, die du nicht durchblickst. Nun, nun, nun, nun; zieh mir die Stiefel aus, fester, fester! So.
EDGAR O, Sinn mit Aberwitz vermengt, Vernunft in Hirnverrückung.
LEAR Willst du mein Los beweinen, brauchst du Augen
Nimm meine. Ich erkenn dich: du bist Gloster.
Bleib geduldig; wir begannen schreiend
Wie du weißt, beim ersten Löffel Luft
Wimmern wir und schrein. Hör meine Predigt.
GLOSTER Ach, ach, der Tag.
LEAR Wir brüllen, werden wir geboren, weil wir
Auf diese große Narrenbühne kommen. *Er stampft auf*
'n guter Hohlblock. Das wär eine feine
Kriegslist, einem Reitertrupp mit Filz
Die Hufe zu beschlagen: ausprobieren
Will ich das, und habe ich mich so
An diese Schwiegersöhne angepirscht
Dann töten, töten, töten, töten, töten.
Edelmann, Soldaten.
EDELMANN O, hier ist er! Haltet ihn. Sir, Eure
Liebste Tochter –
LEAR   Keine Rettung? Was?

The Naturall Foole of Fortune. Vse me well,
  You shall haue ransome. Let me haue Surgeons,
  I am cut to'th'Braines.

Gent. You shall haue any thing.
Lear. No Seconds? All my selfe?
  Why, this would make a man, a man of Salt
  To vse his eyes for Garden water-pots, I wil die brauely,
  Like a smugge Bridegroome. What? I will be Iouiall:
  Come, come, I am a King, Masters, know you that?

Gent. You are a Royall one, and we obey you.
Lear. Then there's life in't. Come, and you get it,

  You shall get it by running: Sa, sa, sa, sa. *Exit.*

Gent. A sight most pittifull in the meanest wretch,
  Past speaking of in a King. Thou hast a Daughter
  Who redeemes Nature from the generall curse
  Which twaine haue brought her to.

Edg. Haile gentle Sir.
Gent. Sir, speed you: what's your will?
Edg. Do you heare ought (Sir) of a Battell toward.

Gent. Most sure, and vulgar:
  Euery one heares that, which can distinguish sound.
Edg. But by your fauour:
  How neere's the other Army?
Gent. Neere, and on speedy foot: the maine descry
  Stands on the hourely thought.
Edg. I thanke you Sir, that's all.

Ich, ein Gefangener? Fortunas Kasper
Das bin ich. Seid nett zu mir, ihr kriegt noch
Lösegeld für mich. Laßt Ärzte kommen.
Bin im Kopf krank.
EDELMANN Ihr sollt alles haben.
LEAR Keine Sekundanten? Ich allein?
Da kann ein Mann zum Wasserträger werden
Der aus den Augen wie aus Garteneimern
Salziges vergießt. Ich sterbe aufrecht
Als schmucker Freier. Was? Ich nehm's als Spaß:
Kommt schon, ich bin ein König, Leute, wißt ihr?
EDELMANN Ein hoheitsvoller, und wir sind die Euren.
LEAR Dann steckt noch Leben drin. Kommt, schnappt es euch!
Ihr fangt es, wenn ihr rennt: Hopp, hopp, hopp, hopp!
Ab.

EDELMANN Der Anblick wär schon schlimm bei einem
Bei einem König ist er unerträglich.   [Bettler
Dir bleibt eine Tochter; sie erlöst
Unsre Welt vom Fluch, den die zwei andern
Über sie gebracht.
EDGAR   Heil, edler Herr.
EDELMANN Sir, macht rasch. Was wollt Ihr?
EDGAR   Hörtet Ihr, Sir
Von einer Schlacht, die dicht bevorsteht?
EDELMANN Sicher. Überall. Das hört, wer Ohren hat.

EDGAR Bitte, seid so gut, wie nahe steht
Das fremde Heer?
EDELMANN   Sehr nah und rückt rasch vor.
Wir rechnen jede Stunde mit der Hauptmacht.
EDGAR Habt Dank, Sir; das ist alles.

Gent. Though that the Queen on special cause is here
   Her Army is mou'd on. *Exit.*
Edg. I thanke you Sir.
Glou. You euer gentle Gods, take my breath from me,
   Let not my worser Spirit tempt me againe
   To dye before you please.
Edg. Well pray you Father.
Glou. Now good sir, what are you?
Edg. A most poore man, made tame to Fortunes blows
   Who, by the Art of knowne, and feeling sorrowes,
   Am pregnant to good pitty. Giue me your hand,
   Ile leade you to some biding.
Glou. Heartie thankes:
   The bountie, and the benizon of Heauen
   To boot, and boot.
              Enter Steward.
Stew. A proclaim'd prize: most happie
   That eyelesse head of thine, was first fram'd flesh
   To raise my fortunes. Thou old, vnhappy Traitor,
   Breefely thy selfe remember: the Sword is out
   That must destroy thee.
Glou. Now let thy friendly hand
   Put strength enough too't.
Stew. Wherefore, bold Pezant,
   Dar'st thou support a publish'd Traitor? Hence,
   Least that th'infection of his fortune take
   Like hold on thee. Let go his arme.
Edg. Chill not let go Zir,
   Without vurther 'casion.
Stew. Let go Slaue, or thou dy'st.
Edg. Good Gentleman goe your gate, and let poore
   volke passe: and 'chud ha'bin zwaggerd out of my life,

EDELMANN   Frankreichs Heer
  Marschiert, die Königin ist hier vonnöten.   *Ab.*

GLOSTER Seid gütig, Götter, übernehmt mein Atmen
  Die Niedertracht in mir laßt nicht noch einmal
  Mit Tod mich locken, eh es euch gefällt.
EDGAR Brav gebetet, Vater.
GLOSTER   Sir, wer seid ihr?
EDGAR Der ärmsten einer, die Fortuna zähmte
  Der durch die Kunst des einfühlsamen Jammerns
  Mit Mitleid schwanger geht. Gebt mir die Hand
  Ich zeige Euch ein Mausloch.
GLOSTER   Heißen Dank.
  Die Großmut und die Segnungen des Himmels
  Auf Euch und Euch!
              Oswald.
OSWALD   Ein Kopfgeld! Sehr gelungen!
  Dein augenfreier Schädel kam ins Fleisch
  Um mir voran zu helfen. Alter Schurke
  Sprich dein Gebet; das Eisen ist schon blank
  Das dich zerstört.
GLOSTER   Dann leg nur alle Kraft
  In deine Freundeshand.
OSWALD   Was, frecher Bauer
  Wagst dus, und schützt den offenen Verräter?
  Weg, daß nicht sein krankes Glück auch dich
  Noch ansteckt. Läßt du seinen Arm los!
EDGAR I loss nimmer los, Zör, wann I ni meh Grund hob.

OSWALD Laß los, Schuft, sonst stirbst du.
EDGAR Bessda Härr, gangese dero Gang und lossense arm
  Volk ziehe. Und wann I mi ausm Läbe hätt wolln

'twould not ha'bin zo long as 'tis, by a vortnight. Nay,
come not neere th'old man: keepe out che vor'ye, or ice
try whither your Costard, or my Ballow be the harder;
chill be plaine with you.
Stew. Out Dunghill.
Edg. Chill picke your teeth Zir: come, no matter vor
your foynes.
Stew. Slaue thou hast slaine me: Villain, take my purse;
If euer thou wilt thriue, bury my bodie,
And giue the Letters which thou find'st about me,
To Edmund Earle of Glouster: seeke him out
Vpon the English party. Oh vntimely death, death.

Edg. I know thee well. A seruiceable Villaine,
As duteous to the vices of thy Mistris,
As badnesse would desire.
Glou. What, is he dead?
Edg. Sit you downe Father: rest you.
Let's see these Pockets; the Letters that he speakes of
May be my Friends: hee's dead; I am onely sorry
He had no other Deathsman. Let vs see:
Leaue gentle waxe, and manners: blame vs not
To know our enemies mindes, we rip their hearts,
Their Papers is more lawfull.

Reads the Letter.

*LEt our reciprocall vowes be remembred. You haue manie
opportunities to cut him off: if your will want not, time and
place will be fruitfully offer'd. There is nothing done. If hee
returne the Conqueror, then am I the Prisoner, and his bed, my
Gaole, from the loathed warmth whereof, deliuer me, and sup-*

schwätze losse, do hätt I des scho vor viehrzen Dach habbe gönne. Nah, gomm dem alde Mann net nah. Schwirr ab, odä I äprob gleisch was häddä is, dei Kegs odä mei Knibbelsche. I sogs di wiehs is.
OSWALD Aus dem Weg, Misthaufen!
EDGAR I stocher Eusch inne Zähn, Zör, gans gleisch wo Ihr hinpiekse tut, gommt.
OSWALD Du Schuft hast mich erschlagen. Nimm mein Geld
Halunke, und, soll es dir wohl ergehen
Begrabe meinen Leichnam. Und die Briefe
Die du bei mir findest, gibst du Edmund
Graf von Gloster, auf Britanniens Seite
Such nach dem. O! Unzeitiger Tod!
Tot.
EDGAR Ich kenne dich, dienstfertiger Ganove
So eifrig in der Schmutzspur deiner Mistris
Wie Arglist es sich wünscht.
GLOSTER   Wie? Ist er tot?
EDGAR Setzt Euch, Vater, ruht Euch aus. Wir schauen
Ihm in die Taschen: mag ja sein, die Briefe
Die er erwähnte, sind mir Bündnispartner.
Tot ist er. Was ich allerdings bedaure
Ist, daß er keinen andern Henker hatte.
Laßt sehn: gestatte, liebes Wachs. Gesittung
Halt dich zurück. Wir brechen, um dem Feind
Ins Herz zu schauen, seine Brust ihm auf:
Seine Post ist rechtsgemäßer. *Liest.*
Gedenken wir unserer wechselseitigen Schwüre. Ihr habt viele Möglichkeiten, ihn abzuschneiden; wenn es Euch an Mut nicht fehlt, werden Zeit und Ort sich in Fülle finden. Nichts ist erreicht, wenn er als Sieger heimkehrt; dann bin ich die Gefangene und sein Bett ist mein Kerker. Von dessen eklem Schweiß befreit

ply the place for your Labour.
Your (Wife, so I would say) affectio-
nate Seruant. Gonerill.
Oh indinguish'd space of Womans will,
A plot vpon her vertuous Husbands life,
And the exchange my Brother: heere, in the sands
Thee Ile rake vp, the poste vnsanctified
Of murtherous Letchers: and in the mature time,
With this vngracious paper strike the sight
Of the death-practis'd Duke: for him 'tis well,
That of thy death, and businesse, I can tell.
Glou. The King is mad:
How stiffe is my vilde sense
That I stand vp, and haue ingenious feeling
Of my huge Sorrowes? Better I were distract,
So should my thoughts be seuer'd from my greefes,
Drum afarre off.
And woes, by wrong imaginations loose
The knowledge of themselues.
Edg. Giue me your hand:
Farre off methinkes I heare the beaten Drumme.
Come Father, Ile bestow you with a Friend. *Exeunt.*

Scaena Septima.

Enter Cordelia, Kent, and Gentleman.

Cor. O thou good Kent,
How shall I liue and worke
To match thy goodnesse?

mich und nehmt zum Lohn seinen Platz ein. Eure So-gut-wie-
Gattin und ergebene Magd GONERIL.

O, unermess'ner Raum der Weiberwünsche!
Ein Anschlag auf den wohlerzognen Gatten
Und mein Bruder als Ersatz. Gleich hier im Sand
Verscharr ich dich, du heilloser Kurier
Mörderischer Wollust. Reift die Zeit
Warnt ein Blick auf dieses Schandpapier
Den todbedrohten Herzog. Gut, daß dann
Ich dein Geschäft und Ende melden kann.
GLOSTER Der König ist von Sinnen: wie dagegen
Mein Gemüt sich kleinlich mir versteift
Und besessen meine Leiden nachmißt!
Wahnsinn wäre besser; was ich denke
Löste sich von dem, was ich erdulde
Und Qual verlöre in den wirren Bildern
Das Bewußtsein ihrer selbst.

EDGAR   Reicht mir die Hand:
Mir ist, als hört' ich fernher Trommelschlag.
Kommt, Vater, ich weiß jemand, der Euch aufnimmt.
Beide ab.

IV, 6

Cordelia, Kent, Edelmann.

CORDELIA O lieber Kent, wie kann ich deine Güte
Im Leben und durch Taten dir vergelten?

My life will be too short,
And euery measure faile me.
Kent. To be acknowledg'd Madam is ore-pai'd,
All my reports go with the modest truth,
Nor more, nor clipt, but so.
Cor. Be better suited,
These weedes are memories of those worser houres:
I prythee put them off.

Kent. Pardon deere Madam,
Yet to be knowne shortens my made intent,
My boone I make it, that you know me not,
Till time and I, thinke meet.
Cor. Then be't so my good Lord:
How do's the King?
Gent. Madam sleepes still.
Cor. O you kind Gods!
Cure this great breach in his abused Nature,
Th'vntun'd and iarring senses, O winde vp,
Of this childe-changed Father.
Gent. So please your Maiesty,
That we may wake the King, he hath slept long?

Cor. Be gouern'd by your knowledge, and proceede
I'th'sway of your owne will: is he array'd?
 Enter Lear in a chaire carried by Seruants
Gent. I Madam: in the heauinesse of sleepe,
We put fresh garments on him.
Be by good Madam when we do awake him,
I doubt of his Temperance.
Cor. O my deere Father, restauratian hang
Thy medicine on my lippes, and let this kisse

Ich lebe nicht so lang und reiche nicht.

KENT Soviel Achtung, Madam, überzahlt schon:
Was ich berichte, ist die schlichte Wahrheit
Kein Zusatz, nicht verkürzt, nur das.
CORDELIA Neu kleiden
Mußt du dich: dein Rock gemahnt zu sehr
An jene schweren Stunden. Leg ihn ab
Ich bitte dich.
KENT Verzeihung, Madam, jetzt schon
Erkannt zu werden, hindert meine Pläne;
Eure Gunst sei, daß Ihr mich nicht kennt
Bis Zeit und ich es wollen.
CORDELIA Sei es so
Mein bester Lord. Wie steht es um den König?
EDELMANN Schläft noch, Madam.
CORDELIA O, ihr guten Götter!
Heilt dem Mißhandelten den tiefen Daseins-
Riß, o, spannt die schrill verstimmten Sinne
Dem kindverheerten Vater neu!
EDELMANN Heißt das
Es gefiele Eurer Majestät
Daß wir den König wecken? Er schlief lang.
CORDELIA Laßt euer Wissen sprechen und verfahrt
Wie es euch gut dünkt. Ist er angekleidet?
Lear wird auf einem Stuhl von Dienern hereingetragen.
EDELMANN Ja, Madam, als er fest im Schlaf lag, haben
Wir ihm frische Kleider angezogen.
Seid in der Nähe, Madam, wenn er aufwacht
Ich bin nicht sicher, wie gefaßt er sein wird.
CORDELIA O, mein liebster Vater, Besserung
Träufle Balsam dir auf meine Lippen

Repaire those violent harmes, that my two Sisters
Haue in thy Reuerence made.

Kent. Kind and deere Princesse.
Cor. Had you not bin their Father, these white flakes
Did challenge pitty of them. Was this a face
To be oppos'd against the iarring windes?
Mine Enemies dogge, though he had bit me,
Should haue stood that night against my fire,
And was't thou faine (poore Father)
To houell thee with Swine and Rogues forlorne,
In short, and musty straw? Alacke, alacke,
'Tis wonder that thy life and wits, at once
Had not concluded all. He wakes, speake to him.

Gen. Madam do you, 'tis fittest.

Cor. How does my Royall Lord?
How fares your Maiesty?
Lear. You do me wrong to take me out o'th'graue,
Thou art a Soule in blisse, but I am bound
Vpon a wheele of fire, that mine owne teares
Do scal'd, like molten Lead.

Cor. Sir, do you know me?
Lear. You are a spirit I know, where did you dye?
Cor. Still, still, farre wide.
Gen. He's scarse awake,
Let him alone a while.
Lear. Where haue I bin?

Und laß den Kuß die schlimmen Wunden schließen
Die meine Schwestern dem Respekt vor dir
Geschlagen haben.
Kent   Teuerste Prinzessin.
CORDELIA Wärst du auch nicht ihr Vater, forderten
Diese weißen Locken doch ihr Mitleid.
War dies ein Angesicht, es rauhen Winden
Auszusetzen? Meines Feindes Hund
Selbst wenn er mich gebissen hätte, durfte
In dieser Nacht bei mir am Feuer liegen
Und du, mein armer Vater, warst gezwungen
Bei Schweinen und bei nackten Vagabunden
In verfaultem Stroh dich zu verkriechen?
Ach, ach! Ein Wunder, daß dir Leib und Seele
Sich nicht zugleich verschlossen. Er erwacht;
So sprecht ihn an.
EDELMANN   Tut Ihr das, Madam, das
Ist besser.
CORDELIA Königlicher Herr, wie ist Euch?
Wie fühlt sich Eure Majestät?
LEAR   Ihr handelt
Nicht gut an mir, holt ihr mich aus der Gruft.
Du bist eine Seele in der Gnade
Ich aber, auf ein Flammenrad bin ich
Geflochten, daß die eignen Tränen brennen
Wie heißes Blei.
CORDELIA   Sir, wißt Ihr, wer ich bin?
LEAR   Ich weiß, Ihr seid ein Geist; wo kamt Ihr um?
CORDELIA Nach wie vor weit weg.
EDELMANN   Er ist nicht wach
Laßt ihm noch Zeit.
LEAR   Wo war ich denn? Wo bin ich?

Where am I? Faire day light?
I am mightily abus'd; I should eu'n dye with pitty
To see another thus. I know not what to say:
I will not sweare these are my hands: let's see,
I feele this pin pricke, would I were assur'd
Of my condition.

Cor. O looke vpon me Sir,
And hold your hand in benediction o're me,
You must not kneele.
Lear. Pray do not mocke me:
I am a very foolish fond old man,
Fourescore and vpward,
Not an houre more, nor lesse:
And to deale plainely,
I feare I am not in my perfect mind.
Me thinkes I should know you, and know this man,
Yet I am doubtfull: For I am mainely ignorant
What place this is: and all the skill I haue
Remembers not these garments: nor I know not
Where I did lodge last night. Do not laugh at me,
For (as I am a man) I thinke this Lady
To be my childe Cordelia.
Cor. And so I am: I am.
Lear. Be your teares wet?
Yes faith: I pray weepe not,
If you haue poyson for me, I will drinke it:
I know you do not loue me, for your Sisters
Haue (as I do remember) done me wrong.
You haue some cause, they haue not.
Cor. No cause, no cause.
Lear. Am I in France?

Hellichter Tag? Ich bin **ganz mächtig wirr**:
Sähe ich wen anders so, ich stürbe
Vor Anteilnahme. Sagen kann ich nichts.
Soll ich beschwören, dies sind meine Hände?
Laßt sehn: die Spitze sticht, das fühle ich.
Ich wollte, jemand machte mir begreiflich
Was meine Lage ist.
CORDELIA   O, seht mich an, Sir
Und hebt die Hand zum Segen über mich
Nein, Sir, nicht Ihr sollt knien.
LEAR   Nicht spotten, bitte:
Ein alter Mann bin ich, sehr töricht, kindisch
Achtzig und drüber, keine Stunde mehr
Noch weniger, und, simpel ausgedrückt
Ich fürchte, ich bin nicht mehr bei Verstand.
Euch müßt ich kennen, scheint mir, und den Herrn da;
Doch ich zweifle: denn ich habe keine Ahnung
Wo ich hier bin, und ich erinnre mich
Beim besten Willen nicht an diese Kleider
Noch weiß ich, wo ich letzte Nacht behaust war.
Verlacht mich nicht, denn ich (bin ich noch Mensch)
Ich meine, diese Lady sei mein Kind
Cordelia.
CORDELIA Das bin ich auch, das bin ich.
LEAR Sind Eure Tränen echt? **Tatsächlich. Bitte**
Weint nicht; habt Ihr Gift für mich, ich schluck es.
Ich weiß, Ihr liebt mich nicht, denn Eure Schwestern
Taten (wie ich nicht vergaß) mir Unrecht.
Ihr habt Grund, sie nicht.

CORDELIA   **Kein** Grund, kein Grund.
LEAR Bin ich in Frankreich?

217

Kent. In your owne kingdome Sir.
Lear. Do not abuse me.
Gent. Be comforted good Madam, the great rage
You see is kill'd in him, desire him to go in,
Trouble him no more till further setling.

Cor. Wilt please your Highnesse walke?
Lear. You must beare with me:
Pray you now forget, and forgiue,
I am old and foolish. *Exeunt.*
   Manet Kent and Gent.
Gent. Holds it true sir that the Duke of Cornwall was so
slaine?
Kent. Most certaine sir.
Gent. Who is conductor of his people?
Kent. As tis said, the bastard sonne of Gloster.

Gent. They say Edgar his banisht sonne is with the Earle of
Kent in Germanie.
Kent. Report is changeable, tis time to looke about,
The powers of the kingdome approach apace.
Gent. The arbiterment is like to be bloudie, fare you well sir.

Kent. My poynt and period will be throughly wrought,
Or well, or ill, as this dayes battels fought. *Exit.*

KENT Sir, in Eurem Reich.
LEAR Macht euch nicht lustig.
EDELMANN Keine Sorge, Madam;
Ihr seht selbst, der große Aufruhr in ihm
Ist erloschen. Geht mit ihm hinein;
Gönnt ihm Ruhe, daß er zu sich kommt.
CORDELIA Wollen Eure Hoheit wohl hineingehn?
LEAR Seid nachsichtig mit mir: ich muß Euch bitten
Vergeßt, vergebt; ich bin ein alter Schwachkopf.
Lear, Cordelia ab.

EDELMANN Trifft es zu, daß der Herzog von Cornwall erschlagen wurde?
KENT Hundertprozentig.
EDELMANN Wer ist Befehlshaber seiner Truppen?
KENT Wie es heißt, der Bankert des Grafen Gloster.
EDELMANN Sie sagen, Edgar, der verbannte Sohn, sei in Deutschland, beim Grafen von Kent.
KENT Man hört alles mögliche. 's wird Zeit, sich zu rühren; die Truppen des Reichs sind im Anmarsch.
EDELMANN Das Treffen wird gewiß blutig. Lebt wohl, Sir.
Ab.

KENT Die Summe meines Lebens wird gezogen
Ob gut, ob schlecht, wird in der Schlacht gewogen. *Ab.*

Actus Quintus. Scena Prima.

Enter with Drumme and Colours, Edmund, Regan.
Gentlemen, and Souldiers.

Bast. Know of the Duke if his last purpose hold,
  Or whether since he is aduis'd by ought
  To change the course, he's full of alteration,
  And selfe reprouing, bring his constant pleasure.
Reg. Our Sisters man is certainly miscarried.
Bast. 'Tis to be doubted Madam.
Reg. Now sweet Lord,
  You know the goodnesse I intend vpon you:
  Tell me but truly, but then speake the truth,
  Do you not loue my Sister?
Bast. In honour'd Loue.
Reg. But haue you neuer found my Brothers way,
  To the fore-fended place?
Bast. No by mine honour, Madam.

Reg. I neuer shall endure her, deere my Lord
  Be not familiar with her.
Bast. Feare not, she and the Duke her husband.

Enter with Drum and Colours, Albany, Gonerill, Soldiers.
Alb. Our very louing Sister, well be-met:
  Sir, this I heard, the King is come to his Daughter
  With others, whom the rigour of our State
  Forc'd to cry out.

Regan. Why is this reasond?

V,1

Edmund, Regan, Edelleute und Soldaten
mit Feldzeichen und Trommeln.

EDMUND Befragt den Herzog, ob es dabei bleibt
  Oder ob ihn irgendwer beschwatzt hat
  Den Kurs zu ändern. Wankelmütig ist er
  Und fällt gern um. Bringt, was er wirklich will.
REGAN Der Bote unsrer Schwester scheint verunglückt.
EDMUND Das steht zu fürchten, Madam.
REGAN   Liebster Lord
  Daß ich Euch zugeneigt bin, wißt Ihr; sagt mir
  Aber ehrlich, also sagt die Wahrheit:
  Liebt Ihr nicht meine Schwester?
EDMUND   Nur im Rahmen.
REGAN Den meinem Schwager vorbehaltnen Pfad
  Ihr habt ihn nie betreten?
EDMUND   Bei meiner Ehre
  Madam, nein.
REGAN   Ich würde sie nicht dulden;
  Laßt Euch mit ihr nicht ein, Lord.
EDMUND   Fürchtet nichts.
  Sie naht, zusamt dem Herzog, ihrem Gatten.
  Albany, Goneril, Soldaten mit Trommel und Feldzeichen.
ALBANY Verehrte Schwägerin, gut, Euch zu treffen.
  Sir, wie ich höre, hat der König sich
  Seiner Tochter angeschlossen, mit ihm
  Andre, die das schroffe Regiment
  Des Landes zwingt, sich zu empören.
REGAN   Wozu
  Wird das erwähnt?

Gone. Combine together 'gainst the Enemie:
   For these domesticke and particurlar broiles,
   Are not the question heere.

Alb. Let's then determine with th'ancient of warre
   On our proceeding.
Bast. I shall attend you presently at your tent.
Reg. Sister you'le go with vs?
Gon. No.
Reg. 'Tis most conuenient, pray go with vs.

Gon. Oh ho, I know the Riddle, I will goe.
Exeunt both the Armies.
Enter Edgar.
Edg. If ere your Grace had speech with man so poore,
   Heare me one word.
Alb. Ile ouertake you, speake.
Edg. Before you fight the Battaile, ope this Letter:
   If you haue victory, let the Trumpet sound
   For him that brought it: wretched though I seeme,
   I can produce a Champion, that will proue
   What is auouched there. If you miscarry,
   Your businesse of the world hath so an end,
   And machination ceases. Fortune loues you.
Alb. Stay till I haue read the Letter.
Edg. I was forbid it:
   When time shall serue, let but the Herald cry,
   And Ile appeare againe.   *Exit.*
Alb. Why farethee well, I will o're-looke thy paper.

Enter Edmund.
Bast. The Enemy's in view, draw vp your powers,

GONERIL Schließt Euch mit uns zusammen
   Gegen unsern Feind; die heimischen
   Und mehr privaten Zwistigkeiten spielen
   Hier keine Rolle.
ALBANY Dann beraten wir
   Mit den Ältesten der Feldherrn unser Vorgehn.
EDMUND Ich finde mich danach bei Eurem Zelt ein.
REGAN Schwester, geht Ihr mit uns?
GONERIL Nein.
REGAN Ach, bitte
   Geht mit uns, das macht einen bessern Eindruck.
GONERIL Oho, das Rätsel löst sich. Gehe mit.
   Beide Heere gehen ab.
   Edgar.
EDGAR Spricht Euer Gnaden auch mit armen Leuten
   Auf ein Wort.
ALBANY Ich komme nach. So rede.
EDGAR Eh Ihr in die Schlacht zieht, macht den Brief auf;
   Fällt Euch der Sieg zu, laßt durch die Fanfare
   Den rufen, der ihn brachte: scheine ich
   Auch niedrig, einen Ritter kann ich stellen
   Der, was Ihr lest, verficht. Schlägt es Euch fehl
   Nimmt Euer weltlich Wirken so ein Ende
   Und die Hatz ist aus. Fortuna mit Euch.
ALBANY Bleib, bis ich den Brief las.
EDGAR Darf ich nicht.
   Wenns soweit ist, sorgt, daß der Herold ruft
   Und ich bin wieder da. *Ab.*
ALBANY Dann lebe wohl.
   Ich überfliege dein Papier.
   Edmund.
EDMUND Der Feind ist schon in Sicht. Rückt Ihr nun vor.

  Heere is the guesse of their true strength and Forces,
  By dilligent discouerie, but your hast
  Is now vrg'd on you.
Alb. We will greet the time. *Exit.*
Bast. To both these Sisters haue I sworne my loue:
  Each iealous of the other, as the stung
  Are of the Adder. Which of them shall I take?
  Both? One? Or neither? Neither can be enioy'd
  If both remaine aliue: To take the Widdow,
  Exasperates, makes mad her Sister Gonerill,
  And hardly shall I carry out my side,
  Her husband being aliue. Now then, wee'l vse
  His countenance for the Battaile, which being done,
  Let her who would be rid of him, deuise
  His speedy taking off. As for the mercie
  Which he intends to Lear and to Cordelia,
  The Battaile done, and they within our power,
  Shall neuer see his pardon: for my state,
  Stands on me to defend, not to debate. *Exit.*

Scena Secunda.

Alarum within. Enter with Drumme and Colours, Lear,
Cordelia, and Souldiers, ouer the Stage, and Exeunt.
Enter Edgar, and Gloster.

Edg. Heere Father, take the shadow of this Tree
  For your good hoast: pray that the right may thriue:
  If euer I returne to you againe,
  Ile bring you comfort.
Glo. Grace go with you Sir. *Exit.*

Hier eine Skizze seiner Zahl und Stellung
Sorgsam ausgespäht. Von Eurer Seite
Tut nur noch Eile not.
ALBANY Wir säumen nicht. *Ab.*
EDMUND Den Schwestern schwor ich Liebe, allen beiden;
Sie trauen sich, wie die Gebissenen
Der Schlange. Welche soll ich nehmen? Beide?
Oder keine? Bleiben beide leben
Macht keine mir viel Freude; schnapp ich mir
Die Witwe, wütet Schwester Goneril
Und die kann schwerlich meine Farbe spielen
Solang ihr Gatte lebt. Na gut, wir nutzen
Sein Ansehn in der Schlacht; ist das erledigt
Mag sie, die ihn gern los wär, zusehn, wie sie
Ihn flugs begräbt. Was den Pardon angeht
Den er für Lear im Schild führt und Cordelia
So wird, ist erst die Schlacht geschlagen
Und die beiden sind in unsrer Macht,
Der nicht bewilligt: meine Politik
Schätzt keinen faulen Frieden, sondern Krieg.

V, 2

Angriffssignale hinter der Bühne. Mit Trommel und Feldzeichen treten auf Lear, Cordelia und Soldaten, überqueren die Bühne und gehen ab. Edgar, Gloster.

EDGAR Hier, alter Herr, der Schatten dieses Baumes
Soll Euch bewirten. Betet für das Recht.
Kehr ich zu Euch zurück, dann komme ich
Nicht ohne Trost. *Ab.*
GLOSTER Das Glück sei mit Euch, Sir.

Alarum and Retreat within.
Enter Edgar.

Egdar. Away old man, giue me thy hand, away:
  King Lear hath lost, he and his Daughter tane,
  Giue me thy hand: Come on.
Glo. No further Sir, a man may rot euen heere.

Edg. What in ill thoughts againe?
  Men must endure
  Their going hence, euen as their comming hither,
  Ripenesse is all come on.
Glo. And that's true too. *Exeunt.*

Scena Tertia.

Enter in conquest with Drum and Colours, Edmund,
Lear, and Cordelia, as prisoners, Souldiers, Captaine.

Bast. Some Officers take them away: good guard,
  Vntill their greater pleasures first be knowne
  That are to censure them.
Cor. We are not the first,
  Who with best meaning haue incurr'd the worst:
  For thee oppressed King I am cast downe,
  My selfe could else out-frowne false Fortunes frowne.
  Shall we not see these Daughters, and these Sisters?
Lear. No, no, no, no: come let's away to prison,
  We two alone will sing like Birds i'th'Cage:
  When thou dost aske me blessing, Ile kneele downe
  And aske of thee forgiuenesse: So wee'l liue,
  And pray, and sing, and tell old tales, and laugh

Rückzugssignale hinter der Bühne.
Edgar.

EDGAR Weg hier, Vater! Eure Hand und weg hier!
 Gefangen König Lear und seine Tochter
 Gebt mir die Hand! So kommt schon.
GLOSTER Keinen Schritt, Sir.
 Verrotten kann der Mensch auch hier.
EDGAR Was denn?
 Schon wieder Trübsinn? Dulden muß der Mensch
 Wie seinen Auftritt hier auch seinen Abgang;
 Bereit zu sein ist alles. Kommt.
GLOSTER Auch wahr. *Beide ab.*

V, 3

Als Sieger mit Feldzeichen und Trommel tritt auf Edmund; Lear und Cordelia als Gefangene, Hauptleute, Soldaten.

EDMUND Hauptleute, führt sie ab in sichre Haft
 Bis höhern Orts ihr Urteilsspruch gefällt wird.

CORDELIA Wir sind die ersten nicht, die beste Absicht
 In größtes Unglück stürzt. Um deinetwillen
 Geprellter König, schwindet mir der Mut
 Ich selbst zerwütete Fortunas Wut;
 Wie wärs, den Töchterschwestern aufzuwarten?
LEAR Nicht, nicht, nicht, nicht! Geh mit mir in den Kerker
 Da im Käfig singen wir wie Vögel
 Nur du und ich. Fragst du nach meinem Segen
 Knie ich und frage nach Vergebung:
 So leben wir und beten, singen, und erzählen
 Uns alte Märchen, freuen uns an goldnen

At gilded Butterflies: and heere (poore Rogues)
Talke of Court newes, and wee'l talke with them too,
Who looses, and who wins; who's in, who's out;
And take vpon's the mystery of things,
As if we were Gods spies: And wee'l weare out
In a wall'd prison, packs and sects of great ones,
That ebbe and flow by th'Moone.

Bast. Take them away.
Lear. Vpon such sacrifices my Cordelia,
   The Gods themselues throw Incense.
   Haue I caught thee?
   He that parts vs, shall bring a Brand from Heauen,
   And fire vs hence, like Foxes: wipe thine eyes,
   The good yeares shall deuoure them, flesh and fell,
   Ere they shall make vs weepe?
   Weele see e'm staru'd first: come.   *Exit.*

Bast. Come hither Captaine, hearke.
   Take thou this note, go follow them to prison,
   One step I haue aduanc'd thee, if thou do'st
   As this instructs thee, thou dost make thy way
   To Noble Fortunes: know thou this, that men
   Are as the time is; to be tender minded
   Do's not become a Sword, thy great imployment
   Will not beare question: either say thou'lt do't,
   Or thriue by other meanes.
Capt. Ile do't my Lord.

Bast. About it, and write happy, when th'hast done,
   Marke I say instantly, and carry it so

Faltern, forschen arme Strolche aus
Nach jüngstem Hofklatsch, und wir tratschen mit:
Wer Loser und wer Winner ist, wer in
Wer out; und tun, als wären wir Spione
Gottes, kundig aller Weltenrätsel.
So überdauern wir, umhegt von Mauern
Die Ränke und Parteiungen der Großen
Die unbeständig wie der Mond mal ebben
Und mal fluten.
EDMUND   Schafft sie von hier weg.
LEAR Cordelia, Kind, auf solche Opfer streuen
   Die Götter selbst den Weihrauch. Hielt ich dich?
   Er, der uns trennen will, braucht Himmelsfeuer
   Uns aus dem Bau zu räuchern wie zwei Füchse.
   Wisch dir die Augen. Bessre Jahre werden
   Sie mit Haut und Haar verschlingen: ehe
   Sie uns zum Weinen bringen, sehen wir
   Sie verhungert. Komm.
         Lear, Cordelia mit Wachen ab.
EDMUND   Komm, Curan, höre:
   Lies den Befehl, folg ihnen ins Gefängnis.
   Ich habe dich schon einmal hochgestuft:
   Tust du, wozu dies dich anweist, steigst du
   Noch sehr viel höher. Denk daran, ein Mann
   Muß sein, wie seine Zeit ihn will. Verzagtheit
   Paßt zu keinem Schwert. Dein großer Einsatz
   Läßt kein Gefrage zu: entweder tust dus
   Oder du mußt selbst zusehn.
CURAN   Ich will
   Es tun, Mylord.
EDMUND   Ans Werk. Und schätz dich glücklich
   Wenn's getan ist. Und nun los. Vergiß nicht:

As I haue set it downe.
Cap. I cannot draw a cart, nor eate dride oats,
If it bee mans worke ile do't. *Exit Captaine.*
Flourish. Enter Albany, Gonerill, Regan, Soldiers.
Alb. Sir, you haue shew'd to day your valiant straine
And Fortune led you well: you haue the Captiues
Who were the opposites of this dayes strife:
I do require them of you so to vse them,
As we shall find their merites, and our safety
May equally determine.

Bast. Sir, I thought it fit,
To send the old and miserable King to some retention,

Whose age had Charmes in it, whose Title more,
To plucke the common bosome on his side,
And turne our imprest Launces in our eies
Which do command them. With him I sent the Queen:
My reason all the same, and they are ready
To morrow, or at further space, t' appeare
Where you shall hold your Session.

Alb. Sir, by your patience,
I hold you but a subiect of this Warre,
Not as a Brother.
Reg. That's as we list to grace him.
Methinkes our pleasure might haue bin demanded
Ere you had spoke so farre. He led our Powers,
Bore the Commission of my place and person,

Alles muß so sein, wie ich es aufschrieb.
CURAN Nicht Karren kann ich ziehn, noch freß ich Hafer;
Drum, ist es Menschenarbeit, mach ich es. *Curan ab.*
Fanfare. Albany, Goneril, Regan, Hauptleute, Soldaten.
ALBANY Sir, Ihr habt heut als tapfer Euch erwiesen
Und das Kriegsglück war mit Euch. Ihr haltet
Die fest, die uns heute Gegner waren:
Gebt sie uns heraus, daß wir mit ihnen
Verfahren, wie ihr Rang und unser Schutz
Es in unsern Augen gleichermaßen
Erfordern werden.
EDMUND   Sir, ich hielt's für ratsam
Den greisen und verwirrten König vorerst
Zu isolieren und ihn unter Aufsicht
Bewährter Fachkräfte zu stellen. Ferner
Verströmt sein Alter und noch mehr sein Titel
Zauberkräfte, die die Allgemeinheit
Auf seine Seite ziehen, und die Piken
Die von uns geworbnen, gegen unsre
Kommandoblicke wenden. Mit ihm sandte
Aus gleichen Gründen ich die Königin;
Sie sind willens, morgen oder wann
Zu erscheinen, wo Ihr Sitzung haltet.
ALBANY Sir, wenn Ihr gestattet, ich erachte
In diesem Krieg Euch als Befehlsempfänger
Nicht als **Bruder**.
REGAN   Dazu aber wünschen
Wir ihn zu erheben. Mir will scheinen
Ihr hättet, eh Ihr Euch so weit versteigt
Unser Einverständnis suchen müssen;
Er führte unsre Truppen, war befugt
Durch mich persönlich wie durch meinen Namen;

> The which immediacie may well stand vp,
> And call it selfe your Brother.

Gon. Not so hot:
> In his owne grace he doth exalt himselfe,
> More then in your addition.

Reg. In my rights,
> By me inuested, he compeeres the best.

Alb. That were the most, if he should husband you.

Reg. Iesters do oft proue Prophets.

Gon. Hola, hola,
> That eye that told you so, look'd but a squint.

Rega. Lady I am not well, else I should answere
> From a full flowing stomack. Generall,
> Take thou my Souldiers, prisoners, patrimony,
> Dispose of them, of me, the walls is thine:
> Witnesse the world, that I create thee heere
> My Lord, and Master.

Gon. Meane you to enioy him?

Alb. The let alone lies not in your good will.

Bast. Nor in thine Lord.

Alb. Halfe-blooded fellow, yes.
Reg. Let the Drum strike, and proue my title thine.

Alb. Stay yet, heare reason: Edmund, I arrest thee
> On capitall Treason; and in thy arrest,

Welchselbe Vollmacht sehr wohl aufstehn darf
Und sich Euren Bruder nennen.
GONERIL   Sachte!
Was ihn erhöht, ist, was er selber mitbringt
Nicht, was Ihr dazutut.
REGAN   Eingesetzt
Von mir in meine Standesrechte ist er
Den Besten gleichgestellt.
ALBANY   Der Gipfel wär's
Wenn er Euch ehelichte.
REGAN   Manch ein Scherzwort
Erwies sich schon als Prophezeiung.
GONERIL   Hallo, hallo!
Das Auge, das die Sache so sieht, schielt.
REGAN Lady, mir ist übel; anders gäb ich
Euch in vollen Zügen Antwort. Feldherr
Mein Heer und die Gefangenen sind dein
Dein ist mein Erbe. Schalte über sie
Und mich. Die Mauern stürmtest du; die Welt
Soll es bezeugen, ich erwähle hier
Dich zu meinem Herrn und Meister.
GONERIL   Hoffst du
An ihm dich zu erfreun?
ALBANY   Da ein Das-laß
Zu sprechen, ist dir nicht gegeben.
EDMUND   Dir
Auch nicht, Lord.
ALBANY   Doch, Halbgeburt.
REGAN   Laß endlich
Die Trommel schlagen, mach mein Recht zu deinem.
ALBANY Nicht doch. Schön der Reihe nach: dich, Edmund
Verhafte ich hiermit als Hochverräter

This guilded Serpent: for your claime faire Sisters,
I bare it in the interest of my wife,
'Tis she is sub-contracted to this Lord,
And I her husband contradict your Banes.
If you will marry, make your loues to me,
My Lady is bespoke.

Gon. An enterlude.
Alb. Thou art armed Gloster,
   Let the Trumpet sound:
   If none appeare to proue vpon thy person,
   Thy heynous, manifest, and many Treasons,
   There is my pledge: Ile make it on thy heart
   Ere I taste bread, thou art in nothing lesse
   Then I haue heere proclaim'd thee.
Reg. Sicke, O sicke.
Gon. If not, Ile nere trust medicine.
Bast. There's my exchange, what in the world hes
   That names me Traitor, villain-like he lies,
   Call by the Trumpet: he that dares approach;
   On him, on you, who not, I will maintaine
   My truth and honor firmely.

Enter a Herald.

Alb. A Herald, ho.
   Trust to thy single vertue, for thy Souldiers
   All leuied in my name, haue in my name
   Tooke their discharge.
Regan. My sicknesse growes vpon me.
Alb. She is not well, conuey her to my Tent.
   Come hither Herald, let the Trumpet sound,
   And read out this. *A Tumpet sounds.*

Gemeinsam mit der goldnen Schlange da.
Was Euren Anspruch angeht, Schwägerin
Streich ich ihn durch im Namen meiner Frau
Die einen Zweitvertrag mit diesem Lord hat
Und widerspreche Eurem Aufgebot.
Drängt Ihr auf eine Ehe, dann liebt mich
Meine Lady hat wen anders.
GONERIL   Welche Farce!
ALBANY Du bist in Waffen, Gloster. Blast Fanfare.
Tritt hier niemand vor als Zeuge deines
Frechen, offnen, vielfachen Verrats
Da liegt mein Pfand: mit deinem Herzblut will ich
Eh ich Brot eß, vor der Welt beweisen
Daß du bist, was ich behaupte.

REGAN   Krank! O, krank.
GONERIL Wenn nicht, vertrau ich keiner Arzenei mehr.
EDMUND Hier meine Antwort: Was der immer sein mag
Der mich Verräter nennt: er lügt wie'n Strauchdieb.
Ruft einen Herold. Wagt wer anzutreten
Verfechte ich vor ihm, vor Euch, vor jedem
Daß ich ehrlich bin und treu.

ALBANY   Den Herold!
Du bist auf dich gestellt; denn deine Truppen
Die dir mein Name warb, hat dir mein Name
Nach Haus geschickt.
REGAN   Mir ist ganz sterbenselend.
ALBANY Ihr ist unwohl. Schafft sie in mein Zelt.
Herold, komm. Laß die Fanfare blasen.
Und lies das. Laut.
Fanfare.

Herald reads.

If any man of qualitie or degree, within the lists of the Army, will maintaine vpon Edmund, supposed Earle of Gloster, that he is a manifold Traitor, let him appeare by the third sound of the Trumpet: he is bold in his defence.   *1 Trumpet.*

Her. Againe.   *2 Trumpet.*

Her. Againe.   *3 Trumpet.*

Trumpet answers within.
Enter Edgar armed.

Alb. Aske him his purposes, why he appeares
Vpon this Call o'th'Trumpet.

Her. What are you?
Your name, your quality, and why you answer
This present Summons?

Edg. Know my name is lost
By Treasons tooth: bare-gnawne, and Canker-bit,
Yet am I Noble as the Aduersary
I come to cope.

Alb. Which is that Aduersary?

Edg. What's he that speakes for Edmund Earle of Gloster?

Bast. Himselfe, what saist thou to him?

Edg. Draw thy Sword,
That if my speech offend a Noble heart,
Thy arme may do thee Iustice, heere is mine:
Behold it is my priuiledge,
The priuiledge of mine Honours,
My oath, and my profession. I protest,
Maugre thy strength, place, youth, and eminence,
Despight thy victor-Sword, and fire new Fortune,
Thy valor, and thy heart, thou art a Traitor:
False to thy Gods, thy Brother, and thy Father,

HEROLD *liest* Wenn jemand von Rang und Namen im Heer
anwesend ist, der gegen Edmund, den vorgeblichen Grafen von Gloster, verfechten will, daß er ein mannigfacher
Verräter ist, so möge der bei der dritten Fanfare erscheinen. Er steht zum Kampf bereit. *Fanfare 1*
HEROLD Zwei. *Fanfare 2*
HEROLD Drei. *Fanfare 3*
    Eine Fanfare antwortet hinter der Bühne.
    Edgar, in Waffen.
ALBANY Fragt ihn, was er will, warum er naht
Auf der Fanfare Ruf.
HEROLD   Wer seid Ihr. Wie
Ist Euer Name. Warum naht Ihr
Auf diesen Aufruf?
EDGAR   Wißt, mein Name schwand mir
Abgenagt vom Zahn der Perfidie
Von ihrem Wurmfraß kahl. Doch bin ich edel
Wie mein Widersacher, mit dem ich
Mich messen will.
ALBANY   Wer ist der Widersacher?
EDGAR Wer steht da für Edmund, Graf von Gloster?
EDMUND Er selbst. Willst ihm was sagen?
EDGAR   Zieh dein Schwert
Auf daß, verletzt mein Wort ein nobles Herz
Dein Arm dir Recht verschafft. Hier ist das meine.
Daß ich es ziehe, ist mein Vorrecht und gehorcht
Dem Eid, der an mein Rittertum sich knüpft.
Ich erkläre, ungeachtet deiner
Stärke, Stellung, Jugend und Bedeutung,
Trotz deines Siegerschwerts und heißen Kriegsglücks
Deines Muts und deiner Tapferkeit
Dich zum Verräter, falsch vor deinen Göttern

    Conspirant 'gainst this high illustirous Prince,
    And from th'extremest vpward of thy head,
    To the discent and dust below thy foote,
    A most Toad-spotted Traitor. Say thou no,
    This Sword, this arme, and my best spirits are bent
    To proue vpon thy heart, whereto I speake,
    Thou lyest.

Bast. In wisedome I should aske thy name,
    But since thy out-side lookes so faire and Warlike,
    And that thy tongue (some say) of breeding breathes,
    What safe, and nicely I might well delay,
    By rule of Knight-hood, I disdaine and spurne:
    Backe do I tosse these Treasons to thy head,
    With the hell-hated Lye, ore-whelme thy heart,
    Which for they yet glance by, and scarely bruise,
    This Sword of mine shall giue them instant way,
    Where they shall rest for euer. Trumpets speake.

Alb. Saue him, saue him.   *Alarums. Fights.*

Gon. This is practise Gloster,
    By th'law of Warre, thou wast not bound to answer
    An vnknowne opposite: thou art not vanquish'd,
    But cozend, and beguild.
Alb. Shut your mouth Dame,
    Or with this paper shall I stop it: hold Sir,
    Thou worse then any name, reade thine owne euill:
    No tearing Lady, I perceiue you know it.

Vor deinem Bruder falsch und deinem Vater
Rebellisch gegen diesen feinen Fürsten
Und von den Spitzen deines Haupthaars bis
Zu deinen Sohlen und dem Staub darunter
Nichts als ein krötengiftiger Verschwörer.
Sag nein, und dieses Eisen, dieser Arm
Und meine besten Lebengeister liefern
Direkt ins Herz dir den Beweis: du lügst.
EDMUND Klug wärs, deinen Namen zu erfragen
 Doch wirkt dein Äußres ansehnlich und krieg'risch
 Und deine Zunge zeugt von was wie Adel
 Drum lasse ich, was mir mit Fug und Recht
 Nach allen Regeln meines Rittertums
 Gestatten würde, mich zu weigern, weg:
 Dir werf ich den Verräter an den Kopf
 Schütte dir aufs Herz die Höllenlüge, welcher
 Weil sie daran nur abtropft und nicht ätzt
 Mein Schwert den Weg zu dem Platz bahnen wird
 An dem sie ewig ruhen soll. Fanfare!

Fanfare. Sie kämpfen.

ALBANY *auf Edgar*
 Helft ihm, helft ihm.

Edmund fällt.

GONERIL Das sind Finten, Gloster;
 Das Recht des Kriegs verlangt nicht, daß du dich
 Mit Unbekannten schlägst. Getäuscht nur wardst du
 Und betrogen, nicht besiegt.
ALBANY Die Dame
 Hält jetzt besser ihren Mund, sonst stopf ich ihn
 Mit diesem Blatt. Da, haltet, Sir. Du schlimmster
 Aller Namen, lies dein Schandregister:
 Nicht zerreißen, Lady; mir will scheinen
 Ihr wüßtet, was da steht.

Gon. Say if I do, the Lawes are mine not thine,
  Who can araigne me for't?   *Exit.*

Alb. Most monstrous! O, know'st thou this paper?

Bast. Aske me not what I know.
Alb. Go after her, she's desperate, gouerne her.
Bast. What you haue charg'd me with,
  That haue I done,
  And more, much more, the time will bring it out.
  'Tis past, and so am I: But what art thou
  That hast this Fortune on me? If thou'rt Noble,
  I do forgiue thee.
Edg. Let's exchange charity:
  I am no lesse in blood then thou art Edmond,
  If more, the more th'hast wrong'd me.
  My name is Edgar and thy Fathers Sonne,
  The Gods are iust, and of our pleasant vices
  Make instruments to plague vs:
  The darke and vitious place where thee he got,
  Cost him his eyes.

Bast. Th'hast spoken right, 'tis true,
  The Wheele is come full circle, I am heere.
Alb. Me thought thy very gate did prophesie
  A Royall Noblenesse: I must embrace thee,
  Let sorrow split my heart, if euer I
  Did hate thee, or thy father.
Edg. Worthy Prince I know't.
Alb. Where haue you hid your selfe?
  How haue you knowne the miseries of your Father?

GONERIL   Und wenn ich's wüßte?
  Ich bin hier das Gesetz, nicht du. Wer will
  Mich drum verklagen?
ALBANY   Ungeheuerlich!
  O, alles weißt du?
GONERIL   Frag nicht, was ich weiß.   *Ab.*
ALBANY Geht mit ihr; sie ist außer sich. Bewacht sie.
EDMUND Dessen Ihr mich anklagt, tat ich, mehr noch
  Und mehr, viel mehr; die Zeit bringt es ans Licht.
  Es ist vorbei, wie ich. Doch du, wer bist du
  Den das Glück mir vorzieht? Bist du adlig
  Vergeb ich dir.

EDGAR   Laß uns Verzeihen tauschen.
  Von Geblüt bin ich dir ebenbürtig
  Edmund: wenn mehr, hast du dich umso mehr
  An mir vergangen. Edgar heiße ich
  Bin deines Vaters Sohn. Gerecht sind Götter
  Aus unsern schlechten Freuden machen sie
  Werkzeug, uns zu foltern. Deine Zeugung
  An jenem dunklen und verruchten Ort
  Nahm ihm die Augen.
EDMUND   Du hast recht, 's ist wahr.
  Das Rad hat einmal sich gedreht. Hier lieg ich.
ALBANY Mir war gleich, als spräche mir dein Schritt
  Von herrschaftlichem Adel: laß mich dich
  Umarmen. Reue spalte mir das Herz
  Hab ich dich je gehaßt und deinen Vater.
EDGAR Das weiß ich, edler Fürst.
ALBANY   Wo hast du dich
  Verborgen? Wie erfuhrst du von dem Elend
  Deines Vaters?

Edg. By nursing them my Lord. List a breefe tale,
 And when 'tis told, O that my heart would burst.
 The bloody proclamation to escape
 That follow'd me so neere, (O our liues sweetnesse,
 That we the paine of death would hourely dye,
 Rather then die at once) taught me to shift
 Into a mad-mans rags, t'assume a semblance
 That very Dogges disdain'd: and in this habit
 Met I my Father with his bleeding Rings,
 Their precious Stones new lost: became his guide,
 Led him, begg'd for him, sau'd him from dispaire.

 Neuer (O fault) reueal'd my selfe vnto him,
 Vntill some halfe houre past when I was arm'd,
 Not sure, though hoping of this good successe,
 I ask'd his blessing, and from first to last
 Told him our pilgrimage. But his flaw'd heart
 (Alacke too weake the conflict to support)
 Twixt two extremes of passion, ioy and greefe,
 Burst smilingly.

Bast. This speech of yours hath mou'd me,
 And shall perchance do good, but speake you on,
 You looke as you had something more to say.
Alb. If there be more, more wofull, hold it in,
 For I am almost ready to dissolue,
 Hearing of this.

EDGAR Indem ich es pflegte.
Mylord, hört kurz nur den Bericht, und ist er
Auserzählt: o, daß mein Herz dann bräche!
Der blutigen Verfemung zu entrinnen
Die so nah mir kam (o, wie das Leben
Uns lieb ist, daß wir's vorziehn, Stund um Stunde
Zu sterben, statt auf einen Schlag), behängte
Ich mich mit den Lumpen eines Irren
Um so auszusehen, daß selbst Hunde
Mich mit Verachtung straften. In dem Aufzug
Traf ich den Vater mit den roten Ringen
Die teuren Steine frisch ihm ausgebrochen
Ward sein Führer, bettelte für ihn
Und behütete ihn vor Verzweiflung;
Niemals (o, das war falsch) entdeckte ich
Mich ihm; vor einer halben Stunde erst
Als ich gerüstet dastand, ungewiß
Des Siegs, den glücklichen Erfolg erhoffend
Bat ich ihn um seinen Vatersegen
Und beichtete vom Anfang bis zum Ende
Ihm unsre Pilgerschaft. Doch, ach, sein Herz
Zersprungen lange schon, es hielt dem Umschwung
Überstarker Regungen (des Jammers
Und des Jubels) nicht mehr stand und brach
Mit einem Lächeln.
EDMUND Eure Rede rührt mich
Und trägt vielleicht zum Guten bei. Sprecht weiter
Eur' Blick verrät, Ihr habt noch mehr zu sagen.
ALBANY Ist da noch mehr, mehr Trauriges, halt inne;
Nach dem schon Gehörten fehlt nicht viel
Und ich zerfließe.

Enter a Gentleman.

Gen. Helpe, helpe: O helpe.
Edg. What kinde of helpe?
Alb. Speake man.
Edg. What meanes this bloody Knife?
Gen. 'Tis hot, it smoakes, it came euen from the heart
of----O she's dead.
Alb. Who dead? Speake man.

Gen. Your Lady Sir, your Lady; and her Sister
By her is poyson'd: she confesses it.

Bast. I was contracted to them both, all three
Now marry in an instant.
Edg. Here comes Kent.
Enter Kent.
Alb. Produce the bodies, be they aliue or dead;
Gonerill and Regans bodies brought out.
This iudgement of the Heauens that makes vs tremble.
Touches vs not with pitty: But who was this.
Ed. Kent sir, the banisht Kent, who in diguise,
Followed his enemie king and did him seruice
Improper for a slaue.

Alb. The time will not allow the complement
Which very manners vrges.
Seest thou this obiect Kent?
Kent. Alacke, why thus?
Bast. Yet Edmund was belou'd:
The one the other poison'd for my sake,
And after slew herselfe.
Alb. Euen so: couer their faces.

Edelmann.

EDELMANN Helft, helft! O helft!
EDGAR Wobei?
ALBANY So rede, Mann!
EDGAR Was soll der rote Dolch?
EDELMANN Er's heiß, er raucht, er kommt frisch aus der Brust
  Von – o, sie's tot.
ALBANY Wer ist tot? Nun red schon
  Mensch.
EDELMANN Die Lady, Eure Lady, Sir;
  Und vergiftet hat sie ihre Schwester
  Das gestand sie noch.
EDMUND Ich war mit beiden
  Im Geschäft: Heirat im Dreieck.
EDGAR Kent kommt.
  Kent.
ALBANY Bringt beide her, lebendig oder tot.
  Gonerils und Regans Leichen werden hereingetragen.
  Das Hochgericht der Himmel macht uns zittern
  Nur Mitleid regt sich nicht. Doch wer war das?
EDGAR Kent, der verbannte Kent, Sir; so verkleidet
  Folgte er dem König, der ihm zürnte
  Und erwies ihm Dienste, für die sich
  Ein Sklave noch zu gut gewesen wäre.
ALBANY Die Zeit erlaubt uns keine Würdigungen
  Wie Anstand sie verlangt. Siehst du das, Kent?

KENT O weh! Wie kam denn das?
EDMUND Sie liebten Edmund:
  Drum gibt um meinetwillen erst die eine
  Der andern Gift und sticht alsdann sich selbst ab.
ALBANY Ganz genau. Deckt sie zu.

Kent. I am come
  To bid my King and Master aye good night.
  Is he not here?
Alb. Great thing of vs forgot,
  Speake Edmund, where's the King? and where's Cordelia?
Bast. I pant for life: some good I meane to do
  Despight of mine owne Nature. Quickly send,
  (Be briefe in it) to'th'Castle, for my Writ
  Is on the life of Lear, and on Cordelia:
  Nay, send in time.
Alb. Run, run, O run.
Edg. To who my Lord? Who ha's the Office?
  Send thy token of repreeue.
Bast. Well thought on, take my Sword,
  Giue it the Captaine.
Edg. Hast thee for thy life.
Bast. He hath Commission from thy Wife and me,
  To hang Cordelia in the prison, and
  To lay the blame vpon her owne dispaire,
  That she for-did her selfe.
Alb. The Gods defend her, beare him hence awhile.

  Enter Lear with Cordelia in his armes.
Lear. Howle, howle, howle: O your are men of stones,
  Had I your tongues and eyes, Il'd vse them so,
  That Heauens vault should crack: she's gone for euer.
  I know when one is dead, and when one liues,
  She's dead as earth: Lend me a Looking-glasse,
  If that her breath will mist or staine the stone,
  Why then she liues.

Kent. Is this the promis'd end?

KENT Ich komme
Um meinem König Gute Nacht zu sagen.
Ist er nicht hier?
ALBANY Das Wichtigste vergessen!
Edmund, wo ist Lear? Und wo Cordelia?
EDMUND Die Puste geht mir aus. Ein Gutes will ich
Ganz gegen meine innerste Natur
Doch tun. Schickt schnell zur Burg (nur eilt euch)
Denn ein Befehl von mir liegt auf Lears Leben
Und dem Cordelias. Nein, zögert nicht.
ALBANY Lauft, lauft! O, lauft!
EDGAR Zu wem, Mylord? Wer hat
Die Order? Schick dein Pfand des Aufschubs.
EDMUND Sehr schlau!
Mein Schwert, zeigt's Curan.
ALBANY Renne um dein Leben.
EDMUND Er hat von deiner Frau und mir den Auftrag
Cordelia im Kerker aufzuhängen
Und das, als einen Selbstmord aus Verzweiflung
Auf sie zu schieben.
ALBANY Davor schützen sie
Die Götter. Schafft ihn auf die Seite.
Lear, Cordelia in den Armen.
LEAR Heult, heult, heult: o, Steine seid ihr, Menschen nicht
Eure Zungen, eure Augen, hätte
Ich sie, brauchen würd ich sie, die Himmels-
Kuppel zu zersprengen. Hin auf ewig!
Wann einer tot ist, wann er lebt, das weiß ich
So tot ist sie wie Staub. Ist hier ein Spiegel?
Sein Glas, macht das ihr Atem feucht und trüb
Dann lebt sie.
KENT Ist der letzte Tag erschienen?

Edg. Or image of that horror.
Alb. Fall and cease.
Lear. This feather stirs, she liues: if it be so,
   It is a chance which do's redeeme all sorrowes
   That euer I haue felt.
Kent. O my good Master.
Lear. Prythee away.
Edg. 'Tis Noble Kent your Friend.
Lear. A plague vpon you Murderors, Traitors all,
   I might haue sau'd her, now she's gone for euer:
   Cordelia, Cordelia, stay a little. Ha:
   What is't thou saist? Her voice was euer soft,
   Gentle, and low, an excellent thing in woman.

   I kill'd the Slaue that was a hanging thee.

Gent. 'Tis true (my Lords) he did.
Lear. Did I not fellow?
   I haue seene the day, with my good biting Faulchion
   I would haue made him skip: I am old now,
   And these same crosses spoile me. Who are you?
   Mine eyes are not o'th'best, Ile tell you straight.

Kent. If Fortune brag of two, she lou'd and hated,
   One of them we behold.
Lear. This is a dull sight, are you not Kent?
Kent. The same: your Seruant Kent,
   Where is your Seruant Caius?
Lear. He's a good fellow, I can tell you that,
   He'le strike and quickly too, he's dead and rotten.
Kent. No my good Lord, I am the very man.
Lear. Ile see that straight.

EDGAR Oder doch sein Schreckbild?
ALBANY Fall und Ende.
LEAR Das Federchen hat sich bewegt: sie lebt!
 Dieses Glück vergilt mir alles Leid
 Das je mich traf.
KENT O, teurer Herr!
LEAR Geh weg.
EDGAR Es ist der edle Kent, der Freund.
LEAR Die Pest
 Auf euch, ihr Mörder, ihr Verräter, alle!
 Ich hätte um ein Haar sie noch gerettet
 Jetzt ist sie ganz hin. Cordelia!
 Cordelia! Bleib noch ein bißchen. Ha!
 Was sagst du? Ihre Stimme war stets sanft
 Leise, zart, was Herrliches bei Frauen.
 Gekillt hab ich das Aas, das dich erhängte.
HAUPTMANN Stimmt, Mylords, das hat er.
LEAR Etwa nicht, Freund?
 Ich sah Zeiten, da mein bissig krummes Schwert
 Sie hüpfen ließ: nun bin ich selber krumm
 Und solch ein Hieb bricht fast mich ab.
 Wer seid Ihr gleich? Die Augen sind nicht mehr
 Die besten. Nur Geduld, gleich weiß ich's wieder.
KENT Prahlt Fortuna, lieben könne sie
 Und hassen: eins von beidem sehn wir vor uns.
LEAR Trübe Aussicht. Seid ihr Kent?
KENT Derselbe.
 Diener Kent. Und wo ist Diener Caius?
LEAR Der ist schwer in Ordnung, sag ich Euch
 Haut drauf wie'n Blitz. Jetzt ist er tot und fault.
KENT Nein, bester Herr; der Mann bin ich.
LEAR Ich hab's gleich.

Kent. That from your first of difference and decay,
   Haue follow'd your sad steps.
Lear. Your are welcome hither.
Kent. Nor no man else:
   All's cheerlesse, darke, and deadly,
   Your eldest Daughters haue fore-done themselues,
   And desperately are dead
Lear. I so I thinke.
Alb. He knowes not what he saies, and vaine is it
   That we present vs to him.

Enter a Messenger.

Edg. Very bootlesse.
Mess. Edmund is dead my Lord.
Alb. That's but a trifle heere:
   You Lords and Noble Friends, know our intent,
   What comfort to this great decay may come,
   Shall be appli'd. For vs we will resigne,
   During the life of this old Maiesty
   To him our absolute power, you to your rights,
   With boote, and such addition as your Honours
   Haue more then merited. All Friends shall
   Taste the wages of their vertue, and all Foes
   The cup of their deseruings: O see, see.

Lear. And my poore Foole is hang'd: no, no, no life?
   Why should a Dog, a Horse, a Rat haue life,
   And thou no breath at all? Thou'lt come no more,
   Neuer, neuer, neuer, neuer, neuer.
   Pray you vndo this Button. Thanke you Sir,
   Do you see this? Looke on her? Looke her lips,
   Looke there, looke there.   *He dies.*

KENT Der Euch von Eurem ersten schweren Schritt an
  Durch Absturz und durch Niedergang gefolgt ist.
LEAR Ihr seid willkommen.
KENT   Weder ich, noch sonst wer:
  Alles freudlos, dunkel, tödlich. Eure
  Ältren Töchter brachten selbst sich um
  Und starben in Verzweiflung.
LEAR   Dacht ich's doch.
ALBANY Er weiß nicht, was er sagt, es ist vergebens
  Ihm mit uns zu kommen.
EDGAR   Völlig sinnlos.
  Ein Hauptmann.
HAUPTMANN Edmund ist tot, Mylord.
ALBANY   Unwichtig jetzt.
  Ihr Herrn und edlen Freunde, hört uns an:
  Liegt da noch Trost auf diesem Trümmerfeld
  Laßt ihn uns sammeln. Was uns selbst angeht:
  Auf Lebenszeit der greisen Majestät hier
  Entsagen wir der Macht. Ihr aber tretet
  In Eure Rechte ein, um das bereichert
  Was Eure Ehre Euch hinzuerwarb.
  Den Lohn der Treue kosten alle Freunde
  Den Kelch, den sie verdienen, alle Feinde.
  O seht, seht.
LEAR   Und mein armes Närrchen hing da:
  Kein, kein, kein Leben? Wozu bleibt ein Hund
  Ein Gaul, ein Ratz am Leben, während du
  Nicht einen Schnaufer tust? Du kommst nicht mehr
  Nie mehr, nie mehr, nie mehr, nie mehr, nie mehr!
  Bitte macht den Knopf auf. Danke, Sir.
  Seht Ihr das? Seht sie an, seht ihre Lippen
  Dahin schaut, schaut dahin.   *Er stirbt.*

Edg. He faints, my Lord, my Lord.

Kent. Breake heart, I prythee breake.
Edg. Looke vp my Lord.
Kent. Vex not his ghost, O let him passe, he hates him,
That would vpon the wracke of this tough world
Stretch him out longer.

Edg. He is gon indeed.
Kent. The wonder is, he hath endur'd so long,
He but vsurpt his life.
Alb. Beare them from hence, our present businesse
Is generall woe: Friends of my soule, you twaine,
Rule in this Realme, and the gor'd state sustaine.
Kent. I haue a iourney Sir, shortly to go,
My Master calls me, I must not say no.
Edg. The waight of this sad time we must obey,
Speake what we feele, not what we ought to say:
The oldest hath borne most, we that are yong,
Shall neuer see so much, nor liue so long.
    Exeunt with a dead March.
    FINIS.

EDGAR   Er verläßt uns
  Mylord, Mylord!
KENT   Brich, Herz, ich bitt dich, brich.
EDGAR Seht mich an, Mylord.
KENT   Laßt seine Seele
  Unbehelligt gehn. Den muß er hassen
  Der auf die Streckbank dieser harten Welt
  Ihn länger spannen will.
EDGAR   Er ging auch schon.
KENT Das Wunder ist, daß er's so lang ertrug;
  Er unterwarf das Leben sich, sein eignes.
ALBANY Bringt sie hinaus. Uns bleibt nur noch, zu trauern.
  Ihr Freunde, herrscht, ihr zwei zugleich
  In diesem Land und heilt das kranke Reich.
KENT Auf einer Reise, Sir, werd ich bald sein
  Mein Herr ruft mich, ich darf nicht sagen Nein.
EDGAR Wir müssen, was die Zeit uns auflädt, tragen
  Das, was wir fühlen, nicht, was Brauch ist, sagen.
  Die Alten trugen Schwerstes; uns, den Jungen
  Wird soviel Schicksal nie mehr aufgezwungen.

Dramatis Personæ

LEAR, König von Britannien
KÖNIG VON FRANKREICH
HERZOG VON BURGUND
HERZOG VON CORNWALL, Regans Gatte
HERZOG VON ALBANY, Gonerils Gatte
GRAF VON KENT
GRAF VON GLOSTER
EDGAR, Glosters Sohn
EDMUND, Glosters unehelicher Sohn
CURAN, ein Hofherr
OSWALD, Gonerils Haushofmeister
ALTER MANN, Pächter Glosters
NARR
HEROLD
GONERIL, Lears älteste Tochter
REGAN, Lears zweitälteste Tochter
CORDELIA, Lears jüngste Tochter

Ritter in Lears Troß, Edelleute, Offiziere, Boten, Soldaten

Ort der Handlung: Britannien

Anmerkungen

I, i, 2   *Gloucester ... Edmond* – *Gloster ... Bastard* Q
I, i, 9   *qualities* – *equalities* Q
I, i, 24   *somthing sawcily to* – *something sawcely into* Q
I, i, 26   *horson* – *whoreson* Q, DF in F?
I, i, 37f.   *Sennet ... attendants.* – ausführlichere Bühnenanweisung in Q: *Sound a Sennet, Enter one bearing a Coronet, then Lear, then the Dukes of Albany, and Cornwell, next Gonorill, Regan, Cordelia, with followers.*
I, i, 40   *my Lord* – *my Leige* Q
I, i, 41   *shal ... purpose* – *will ... purposes* Q
I, i, 42   *Giue me the Map* – *The map* Q
I, i, 43   *fast* – *first* Q
I, i, 44f.   *from our Age, / Conferring them on yonger strengths* – *Confirming them on yonger yeares* Q. Die Fortsetzung dieses Abschnitts bis I, i, 50 *preuented now.* fehlt in Q
I, i, 50   *Princes* – *two great Princes* Q
I, i, 54f.   *(Since now ... State)* – fehlt in Q
I, i, 58   *Nature doth with merit* – *merit doth most* Q
die erste Erwähnung des leitmotivischen Begriffs *nature* (vgl. Moore), der sich in F 37 mal findet (in Q 11 mal)
I, i, 64   *found* – *friend* Q
I, i, 67   *speake* – *doe* Q
I, i, 69f.   *and with Champains ... Riuers* – fehlt in Q
I, i, 74   *selfe-mettle* – *selfe same mettall* Q
Geldmetaphorik wie *prize, worth, deede*
I, i, 75   *And prize me at her worth* – vgl. *Leir* »I prize my loue to you at such a rate« (AE 7)
I, i, 84   *ponderous* – *richer* Q
I, i, 88   *conferr'd* – *confirm'd* Q
I, i, 90f.   *The Vines ... interest* – fehlt in Q
I, i, 91   *draw* – *win* Q
I, i, 93   *Nothing* – vgl. Nachwort
I, i, 94f.   fehlen in Q
I, i, 96f.   *I cannot heaue My heart into my mouth*
»Here Cordelia echoes the apocryphal Book of Ecclesiasticus, a favourite of Shakespeare's: ›The heart of fooles is in their mouth: but the mouth of the wise is in their heart.‹ (21:26, 1560 Gene-

va)« (Moore 105) Die erste Identifikation Cordelias mit der Figur des Narren, vgl. auch I, iv, 75; V, iii, 340 und Moores Erläuterungen

I, i, 100   *How, how Cordelia? – Goe to, goe to,* Q

I, i, 110.1   *to loue my father all* – in F gestrichene Zeile aus Q; solche Stellen werden, wenn sie in diese Ausgabe aufgenommen wurden, farblich abgesetzt gedruckt, s. Nachwort

I, i, 114   *true* – vere, s. Nachwort

I, i, 117   *The miseries of Heccat and the night – The mistresse of Heccat, and the might* Q; *mysteries* Q2

I, i, 125   *to my bosome* – fehlt in Q

I, I, 131   *set to my rest* – ein Terminus aus dem Kartenspiel Primero: alles auf eine Karte setzen

I, i, 143   *shall retaine – still retaine* Q

I, i, 159   *falls – stoops* Q

I, i, 159   *reserue thy state – Reuerse thy doome* Q

I, i, 167   *nere feare – nor feare* Q

I, i, 175   *Miscreant – recreant* Q

I, i, 176   *Alb. Cor. Deare Sir forbeare.* – fehlt in Q

I, i, 178   *guift – doome* Q

I, i, 181   *recreant* – fehlt in Q; vgl. jedoch I, i, 175. Ein instruktives Beispiel, wie F den Text von Q redigiert

I, i, 187   *Fiue dayes … sixt – Foure dayes … fift* Q

I, i, 188   *disasters – diseases* Q

I, i, 195   *Freedome – Friendship* Q

I, i, 196   *deere shelter – protection* Q

I, i, 204   *Glou.* – DF *Cor.* aus F gemäß Q korrigiert

I, i, 211   *hath … offer'd – what … offered* Q (DF in F?)

I, i, 217   *piec'd – peec'st* Q

I, i, 223   *Dow'rd – Couered* Q

I, i, 237   *The best, the deerest – most best, most deerest* Q

I, i, 256   *Better – Goe to, goe to, better* Q (vgl. I, i, 100)

I, i, 262   *regards – respects* Q

I, i, 269   *I am firme* – fehlt in Q

I, i, 274f.   *Fairest Cordelia, that art most rich being poore, Most choise forsaken, and most lou'd despis'd* – »France's paradoxes ... derive from those uttered by St Paul about Jesus in II Corinthians, specifically: ›as poore, and *yet* make many rich: as hauing nothing, and *yet* possessing all things‹ (6:10) and ›that hee being rich, for your sakes became poore, that yee through his pouertie might be made rich.‹ (8:9) ... Thus, Shakespeare thrice links Cordelia to Christ« (Moore 104f.)

I, i, 306   *plighted – pleated* Q
I, i, 315   *little – not bin little* Q
I, i, 328   *sit together – hit together* Q
I, ii, 12   *With Base? With basenes Barstadie? Base, Base? – with base, base bastardie?* Q
I, ii, 15   *tyred – lyed* Q
I, ii, 20   *fine word: Legitimate.* – fehlt in Q
I, ii, 23   *to'th' – tooth'* Q, Var. *top the* Capell
I, ii, 27   *Prescrib'd – subscribd* Q
I, ii, 41f. *ore-looking – liking* Q
I, ii, 51   *and reuerence* – fehlt in Q
I, ii, 81   *sirrah – sir* Q
I, ii, 96   *Monster.* – anschließend folgt in Q:
Bast. Nor is not sure.
Glost. To his father, that so tenderly and intirely loues him, heauen and earth!
I, ii, 103 *These late Eclipses in the Sun and Moone* – Wember weist nach, daß hier die Sonnen- und Mondfinsternisse vom 7. März und 21. Februar 1598 gemeint sein müssen, nicht die üblicherweise herangezogenen von 1605 oder 1601
I, ii, 109ff. *This villaine ... Graues.* – fehlt in Q
I, ii, 122 *Sphericall – spirituall* Q
I, ii, 127f. *the Dragons taile* – »Wenn EDMUND ironisch den Drachenschwanz/dragon's tail erwähnt, ist das ... die astrono-misch korrekte Bezeichnung für den absteigenden Knoten der Mondbahn, eine entscheidende Größe für das mögliche Eintreten einer Finsternis.« (Wember)
I, ii, 129 *I should – Fut* ['Foot], *I should* Q
I, ii, 136 *Fa, Sol, La, Me.* – fehlt in Q
I, ii, 143 *vnhappily.* – anschließend folgt in Q ein längerer, in F wohl aufgrund der Reduplikation des voraufgegangenen Gloster-Textes nicht übernommener Passus, der die astrologischen Bezüge ausmalt:
as of vnnaturalnesse beetweene the child and the parent, death, dearth, dissolutions of ancient amities, diuisions in state, menaces and maledictions against King and nobles, needles diffidences, banishment of friends, dissipation of Cohorts, nuptial breach-

> *es, and I know not what.*
> *Edg. How long haue you beene a sectary Astronomicall?*
> *Bast. Come, come,*

Diese Streichung ist ein Indiz, daß F wohl einige Zeit nach den Finsternissen von 1598 entstand

I, ii, 157ff. *I pray you ... Arm'd, Brother?* – fehlt in Q

I, iii, 18   *are one* – anschließend folgt in Q:
> *not to be ouerruld; idle old man that still would manage those authorities that hee hath giuen away, now by my life old fooles are babes again, & must be vs'd with checkes as flatteries, when they are seene abusd,*

I, iii, 22f.   *aduise your fellowes so* – anschließend folgt in Q:
> *I would breed from hence occasions, and I shall, that I may speake*

I, iv, 3   *will* – *well* Q

I, iv, 8   *So may it come* – fehlt in Q

I, iv, 20   *eate no fish* – vgl. auch *Romeo and Julia* I, i, 36 (AE 35)

I, iv, 42   *forty eight* – das würde bei einer Aufführung im Jahre 1598 auf ein Geburtsdatum um 1550 hindeuten. A. B. Feldman hat jedoch vermutet, daß sich in Kent Charakterzüge von Peregrine Bertie, Lord Willoughby (1555-1601) spiegeln

I, iv, 49f.   *Clotpole* – *clatpole* Q, clodpoll

I, iv, 51   *Mungrell* – mongrel

I, iv, 61   *of kindnesse* – fehlt in Q

I, iv, 91   *arise, away* – fehlt in Q

I, iv, 92   *away, away* – fehlt in Q

I, iv, 93   *goe too* – fehlt in Q

I, iv, 141   *Lear. No Lad, teach me.* – *teach* korr. von DF *reach* gem. Q.
Der nachfolgende, hier übernommene Text (und damit die Auflösung der Frage des Narren, die wohl irrtümlich gestrichen wurde) bis *Nunckle, giue me an egge* findet sich nur in Q. Der dort erwähnte *Lord that counsail'd thee to giue away thy land* ist ein Relikt aus *Leir*, wo Lear von Skalliger beraten wurde (AE 41). Der Zeilenzähler zählt wie bei allen Q-Einschüben von der letzten F-Zeile aus: I, iv, 141.1-12

I, iv, 148   *thou boar'st thine Asse on thy backe o're the durt* – vgl. Aesops Fabel (AE 42)

I, iv, 175   *Frontlet* – bildlich für Stirnrunzeln (AE 43)

I, iv, 178   *O* – auch Anspielung auf O(xford) und *nihil*

I, iv, 179f.   *I am a Foole, thou art nothing* – im Kartenspiel Tarot gilt die

Karte mit der Null als Fool (Joker), die alles sticht (Wagner)

I, iv, 214 *Ha! Waking? – sleeping, or wakeing; ha!* Q

I, iv, 216 *Lears shadow.* – in Q von Lear gesprochen; vgl. *Leir* »but the shaddow of myselfe« (AE 45f.) Die anschließenden Verse nur in Q

I, iv, 241 *too late repents:* – in Q folgt *O sir, are you come?*

I, iv, 246 *Alb. Pray Sir be patient.* – fehlt in Q

I, iv, 259 *Of what hath moued you.* – fehlt in Q

I, iv, 269 *thwart disnatur'd – thourt disuetur'd* Q

I, iv, 271 *cadent – accent* Q

I, iv, 275 *Away, away. – goe, goe, my people?* Q

I, iv, 278 *more of it – the cause* Q

I, iv, 289 *thee worth them – the worst* Q

I, iv, 295f. *Ha? Let it be so. I haue another daughter – yea, i'st come to this? yet haue I left a daughter* Q

I, iv, 301 *for euer.* – in Q folgt: *thou shalt I warrant thee.*

I, iv, 305 *Pray you content – Come sir no more* Q

I, iv, 305 *What Oswald, hoa?* – fehlt in Q

I, iv, 314-27 *This man ... th'vnfitness.* – fehlt in Q

I, iv, 339 *at task for – attastk for* Q, Var. *attax'd for* (AE52)

I, v, 32f. *to put's head in, not to giue it away to his daughters*
Ogburn (721) ist das wiederholte Wortspiel (ebenfalls III, ii, 26ff.) mit dem de Vereschen Stammschloß Castle *Hedingham* aufgefallen, das Oxford seinen Töchtern übergab (bzw. übergeben mußte)

II, i, 11 *ear-kissing – eare-bussing* Q

II, i, 48 *Mumbling – warbling* Q

II, i, 60 *lothly –* loathly

II, i, 63 *latch'd – lancht* Q

II, i, 74 *Coward – caytife* Q

II, i, 88 *spirits – spurres* Q

II, i, 91 *said he? – I neuer got him* Q

II, i, 101 *strangenesse – strange newes* Q

II, i, 111 *of that consort –* nicht in Q

II, i, 114 *th'expence and wast – the wast and spoyle* Q

II, i, 142 *from our home –* im Sinne von »away from« (AE 63)

II, ii, 3 *dawning – euen* Q

II, ii, 10 *Lipsbury Pinfold –* nicht aufgelöstes Wortspiel (AE 64)

II, ii, 16 *three-suited –* »Servants were apparently given three suits of clothes a year« (AE 65).

II, ii, 17   woosted – worsted Q
II, ii, 17   Lilly-liuered – »without blood in it« (AE 65)
II, ii, 18   action-taking – »one who goes to law« (AE 65)
II, ii, 22   Pandar – pander Q
II, ii, 32   Cullyenly – cullyonly Q
II, ii, 33   Barber-monger – »patron of the barber's shop« (AE 66)
II, ii, 64   Zed – das nichtlateinische Z wurde in zeitgenössischen Wörterbüchern ignoriert (AE 68)
II, ii, 75   t'intrince – intrench Q
II, ii, 77   Being oile to fire – Bring oyle to stir Q
II, ii, 78   Reuenge – Reneag Q
II, ii, 82   Smoile – hier wird ein Dialektausdruck vermutet (AE 69)
II, ii, 83   Sarum – Salisbury (Hunter)
II, ii, 112 dialect – dialogue Q
II, ii, 126 dead – dread Q
II, ii, 148 *The King his Master, needs must take it ill* – ungekürzt in Q:
His fault is much, and the good King his maister
Will check him for't, your purpost low correction
Is such, as basest and temnest wretches for pilfrings
And most common trespasses are punisht with
II, ii, 153 *To haue her Gentleman abus'd, assaulted.* – nächste Zeile nur Q
II, ii, 207 thy – DF ahy gem. Q korrigiert
II, ii, 209 Cruell – »a pun on *cruel* and *crewel*« (AE 78)
II, ii, 210 heads – heeles Q
II, ii, 221 *Kent. I say yea.* – in Q folgt:
Lear. No no, they would not. Kent. Yes they haue.
II, ii, 223 *Kent. By Iuno, I sweare I.* – fehlt in Q
II, ii, 234 painting – panting Q
II, ii, 237 those – whose Q
II, ii, 238 meiney – men Q
II, ii, 249ff. *Foole. Winters ... in a yeare.* – fehlt in Q
II, ii, 256 Historica – Var. *Hysterica* (F4). Erster wörtlicher Bezug auf den Harsnett-Komplex (AE 81; »hee himself termes it the Moother«, 239), s. Nachwort. Das Ersticken (suffocation) der Mutter war eine Gebärmuttererkrankung, bei der angeblich Dämpfe aus verdorbenem Menstruationsblut bis zum Kopf und Rachen gelangten und ein Erstickungsgefühl hervorriefen (Wagner)
II, ii, 270 twenty – a 100 Q

II, ii, 275 *hause* – *haue* Q, Var. *halse* (AE 82)
II, ii, 290 *fetches* – *Iustice I* Q
II, ii, 300f. *Glo. Well ... me man.* – fehlt in Q
II, ii, 324 *Oh me my heart! My rising heart! But downe.* – *O my heart, my heart.* Q
II, ii, 334 *your* – *you* Q
II, ii, 336f. *I would diuorce me from thy Mother Tombe, Sepulchring an Adultresse.* – vgl. Nachwort zum biographischen Bezug
II, ii, 346ff. *Lear. Say? ... blame.* – fehlt in Q
II, ii, 372 *yong bones* – wörtl. Parallele zu *Leir* »she breeds young bones...« (AE 87)
II, ii, 378 *blister* – *blast her pride* Q
II, ii, 490 *need* – *needes* Q
II, ii, 503 *tamely* – *lamely* Q
II, ii, 515 *an'ds* – *and his* Q
II, ii, 530 *high* – *bleak* Q
II, ii, 537 *too* – *to* Q
III, i, 9 *or cease.* – danach folgt in Q:
teares his white haire,
Which the impetuous blasts with eyles rage
Catch in their furie, and make nothing of,
Striues in his little world of man to outscorne,
The too and fro conflicting wind and raine,
This night wherin the cub-drawne Beare would couch,
The Lyon, and the belly pinched Wolfe
Keepe their furre dry, vnbonneted he runnes,
And bids what will take all.
III, i, 18-25 *Who haue ... furnishings.* – in Q stattdessen:
But true it is, from France there comes a power
Into this scattered kingdome, who alreadie wise in our negligence,
Haue secret feet in some of our best Ports,
And are at point to shew their open banner,
Now to you, if on my credit you dare build so farre,
To make your speed to Douer, you shall find
Some that will thanke you, making iust report
Of how vnnaturall and bemadding sorrow
The King hath cause to plaine,
I am a gentleman of blood and breeding,

And from some knowledge and assurance,
Offer this office to you.

III, ii, 4   *Hyrricano's* – Hircanios Q
III, ii, 7   *Vaunt-curriors* – vaunt-currers Q
III, ii, 48 *feare* – force Q
III, ii, 50 *pudder* – Powther Q
III, ii, 58 *concealing Continents* – concealed centers Q
III, ii, 59f. *I am a man, More sinn'd against, then sinning.* – vgl. *Ödipus auf Kolonos* V, 266f.: »Die Taten sind ja mehr von mir erlitten als verübt.« (Wagner)
III, ii, 73 *vilde* – Var. vile (Pope); vild kommt (lt. A. Schmidt) bei Shakespeare etwa 15 mal vor. Es ist ein Portmanteau-Wort aus wild und vile (Wagner)
III, ii, 77 *little-tyne* – little tine Q (tiny)
III, ii, 81 *Come bring vs to this Houell. Exit.* – in Q folgt hier die Merlin-Prophezeiung des Narren (III, ii, 82-97) (s.u.)
III, iv, 11 *contentious* – tempestious Q
III, iv, 12 *skin, so* – DF skinso korr. gem. Q
III, iv, 15 *they* – Var. thy
III, iv, 22f. *in such a night ... I will endure* – fehlt in Q
III, iv, 32f. *In Boy ... Ile sleepe* – fehlt in Q
III, iv, 38 *tane* – taken
III, iv, 39 *Physicke* – physic (Medizin)
III, iv, 44 *Edg. Fathom ... Tom* – fehlt in Q; »suggested by the floods of rain. Edgar pretends to be a mariner shipwrecked« (AE 109)
III, iv, 54 *bed* – cold bed Q; wörtl. Parallele zur Einführungsszene in *Taming of the Shrew* und Kyd (AE109)
III, iv, 58 *though* – through Q
III, iv, 58 *through Flame* – fehlt in Q
III, iv, 61 *Pue* – pew
III, iv, 61 *Porredge* – pottage Q
III, iv, 64 *O do, de, do, de, do de* – fehlt in Q
III, iv, 69 *Ha's* – What, Q
III, iv, 81 *Pelicane* – vgl. »I am as kind as the Pelican« (*Leir*, AE 111)
III, iv, 82 *Pillicock ... Pillicock* – Pilicock ... pelicocks Q
III, iv, 86 *Iustice* – iustly Q
III, iv, 96 *deerely* – deeply Q
III, iv, 104 *Sayes suum, mun, nonny* – hay no on ny Q

III, iv, 105 *Sesey – caese* Q (cease Q2)
III, iv, 113f. *Come, vnbutton heere – come on* Q
III, iv, 120 *Flibbertigibbet – fliberdegibek* Q
III, iv, 134 *Neut* – newt
III, iv, 134 *water* – water-newt
III, iv, 139 *stockt, punish'd – stock-punisht* Q
III, iv, 144 *Smulkin – snulbug* Q
III, iv, 158 *What is the cause of Thunder?* – »much discussed« (AE 118 mit Verweis auf Ovid)
III, vi, 1 *Scena Sexta*
Der am Anfang der Szene eingefügte Monolog Edgars *When we ... Lurke, lurke* stammt aus Q und findet sich dort am Ende von III, vi.
III, vi, 9 *Nero* – S.s »knowledge of Nero's angling was taken from Chaucer, *The Monk's Tale*« (AE 122)
III, vi, 15-18 *Foole. No, he's a Yeoman ... before him. Lear.* – fehlt in Q
III, vi, 19 hierauf folgt in Q ein langer Abschnitt, der hier gekürzt eingefügt wird, »weil er die (in Q offenkundig zweimal ansetzende) von Lear imaginierte – und von den anderen Figuren gestützte – Gerichtsverhandlung gegen die Töchter enthält, deren Streichung in F als, theatralisch gesehen, empfindlicher Substanzverlust betrachtet werden muß.« (F.-P. S.)
III, vi, 20 *Edg. Blesse thy fiue wits.* – vgl. Thomas Vicary, *The Anatomie of the Bodie of Man*: »In the foremost Ventrikle God hath founded and set the common Wittes, otherwise called the fyve Wittes, as Hearing, Seeing, Feeling, Smelling, and tasting.« (Wagner, dort weitere Belege zur Herkunft von S.s medizinischen Kenntnissen)
III, vi, 31 *Hym* – Var. lym
III, vi, 32 *Troudle taile – trudletaile* Q
III, vi, 48 *Foole ... noone* – fehlt in Q
III, vi, 61 *Giue thee quicke conduct.* – hier folgt in Q die kurze Passage bis *Come, come, away. Exeunt.* Der daraufhin folgende Monolog Edgars wurde an den Anfang von III, vi verschoben (s.o.)
III, ii, 82-98 *Foole. This is a braue night ... Exit.*
Bei dieser hier folgenden Rede des Narren handelt es um einen in F zusammenhanglosen Monolog (hinter III, ii, 81, s.o.), bei der »A parody of some pseudo-Chaucerian verses to be found in Puttenham, *Arte of English Poesie*« (AE 104) vorgetragen wird, die von Frank-Patrick Steckel, als ›Abschiedsconference‹ der anschließend (in Q wie

in F) nicht mehr auftretenden Figur des Narren, an das Ende dieser Szene (Transport des Königs nach Dover) verlegt wurde. Zur Bedeutung des (hier bearbeiteten) Texts und zum »Verschwinden« des Narren aus dem Stück gibt es zahlreiche Erklärungsversuche, unter anderen den einer Doppelbesetzung der Figuren Cordelias und des Narren durch einen jugendlichen Schauspieler der »King's Men«.

III, vii, 13 *festinate* – DF *festiuate* korr. gem. F2; *festuant* Q
III, vii, 74 *sticke* – *rash* Q
III, vii, 79 *sterne* – *dearne* Q
III, vii, 106 *enkindle* – *vnbridle* Q
III, vii, 120 *Exeunt* – der folgende Abschnitt nur in Q:

Seruant. Ile neuer care what wickednes I doe,
 If this man come to good.
 2 *Seruant*. If she liue long, & in the end meet the old course
 of death, women will all turne monsters.
 1 *Ser*. Lets follow the old Earle, and get the bedlom
 To lead him where he would, his madnes
 Allows it selfe to any thing.
 2 *Ser*. Goe thou, ile fetch some flaxe and whites of egges to
 apply to his bleeding face, now heauen helpe him. *Exit*.

IV, i, 6 *esperance* – *experience* Q
IV, i, 8-11 *Welcome then, ... thy blasts.* – fehlt in Q
IV, i, 13 *poorely led* – *parti, eyd* Q
IV, i, 45f. *As Flies to wanton Boyes, are we to th'Gods,/They kill vs for their sport.* – AE xxxvii und 140 zitiert div. Quellen für diese Stelle, die auch Selbstzitat der berühmten Stelle aus *Macbeth* ist (vgl. Nachwort)
IV, i, 46 *kill* – *bitt* Q
IV, i, 65 *daub* – *dance* Q
IV, i, 67 *And yet I must* – fehlt in Q
IV, i, 72 *thee good mans sonne, from the foule Fiend.* – anschließend in Q ein Katalog von Namen (mit Bezug zu Harsnett, vgl. Nachwort):
Fiue fiends haue beene in poore Tom at once,
Of lust, as Obidicut, Hobbididence Prince of dumbnes,
Mahu of stealing, Modo of murder, Stiberdigebit of
Mobing, & Mobing who since possesses chambermaids
And waiting women, so, blesse thee maister.
IV, i, 77 *slaues* – *stands* Q
IV, i, 79 *vndoo* – *vnder* Q

IV, i, 83 *fearfully – firmely* Q

IV, ii, 18 *Edmond – Edgar* Q; ein für die Nachlässigkeit von Q bezeichnender DF (bzw. Satzfehler)

IV, ii, 20 *I must change names at home, and giue the Distaffe/Into my Husbands hands* AE 144 erläutert eine Parallele zu Chaucer, die die Variante *armes* statt *names* aus Q plausibel macht

IV, ii, 38 *Blowes in your face.* – Anschließend folgt in Q:
    I feare your disposition
    That nature which contemnes ith origin
    Cannot be bordered certaine in it selfe,
    She that her selfe will sliuer and disbranch
    From her materiall sap, perforce must wither,
    And come to deadly vse.
Gon. No more, the text is foolish.
Alb. Wisedome and goodnes, to the vild seeme vild,
    Filths sauor but themselues, what haue you done?
    Tigers, not daughters, what haue you perform'd?
    A father, and a gracious aged man
    Whose reuerence euen the head-lugd beare would lick.
    Most barbarous, most degenerate haue you madded,
    Could my good brother suffer you to doe it?
    A man, a Prince, by him so benifited,
    If that the heauens doe not their visible spirits
    Send quickly downe to tame the vild offences, it will come
    Humanity must perforce pray on it self like monsters of the deepe.

IV, ii, 42 *Thine Honor, from thy suffering.* – anschließend in Q:
    that not know'st, fools do those vilains pitty
    Who are punisht ere they haue done their mischiefe,
    Wher's thy drum? France spreds his banners in our
    With plumed helme, thy state begin thereat [noyseles land,
    Whil'st thou a morall foole sits still and cries
    Alack why does he so?

IV, ii, 44 *seemes – shews* Q

IV, ii, 46 Gon. Oh vaine Foole. – anschließend in Q:
    Alb. Thou changed, and selfe-couerd thing for shame
    Be-monster not thy feature, wer't my fitnes
    To let these hands obay my bloud,
    They are apt enough to dislecate and teare

Thy flesh and bones, how ere thou art a fiend,
A womans shape doth shield thee.
Gon. Marry your manhood mew---
Alb. What newes.

IV, ii, 82 die in Q nachfolgende Szene (IV, iii in der üblichen Zählweise) fehlt vollständig in F und wird auch hier nicht übernommen. Vgl. auch Tiecks Analyse der Szene im Nachwort

IV, iii, 1 *Gentleman* – in Q *Doctor*

IV, iii, 6 *Fenitar* – *femiter* Q; Fumaria officinalis

IV, iii, 7 *Hardokes* – *hor-docks* Q; »An unidentified plant..., perhaps equivalent to burdock.« (www.thefreedictionary.com/Hordock)

IV, iii, 22 *desires* – *distresse* Q

IV, iv, 10 *What might* – DF *night* korr. gem. Q

IV, iv, 15 *Edmund* – *and now* Q

IV, iv, 31 *Eliads* – *aliads* Q; oeillids

IV, iv, 46 *party* – *Lady* Q

IV, v, 26 *Buoy* – *boui* Q

IV, v, 28 *Pebble chafes* – *peeble chaffes* Q

IV, v, 63 *Gozemore* – *gosmore* Q; Var. gossamer Campbell

IV, v, 71 *Somnet* – *sommons* Q; Var. summit Rowe (*Summet* F2)

IV, v, 77 *Tyrants* – DF *Tyranrs* korr. gem. Q

IV, v, 88 *wealk'd ... enraged* – *welk't ... enridged* Q

IV, v, 90 *who make them* – *who made their* Q

IV, v, 102 *crying* – *coyning* Q; (Münzen) prägen; vgl. AE 163

IV, v, 110 *well flowne Bird* – »The falconer's cry when the hawk was successful« (AE 164)

IV, v, 136 *Forkes* – »H. C. Hart suggests that it may mean instruments for keeping up women's hair« (AE 165)

IV, v, 179 *great* – *smal* Q

IV, v, 180-4 *Place sinnes with Gold ... th'accusers lips.* – nicht in Q

IV, v, 194 *wawle* – *wayl* Q

IV, v, 197 *This a good blocke* – »eine berühmte Stelle, die unter Kommentatoren und Übersetzern seit langem umstritten ist, weil das Verständnis von ›blocke‹ entweder als hölzerner Hutform oder als Richtblock keinen Sinn ergibt. Ich habe (in eckigen Klammern) eine Regieanweisung hinzugefügt, die die Übersetzung erläutern soll: die elisabethanische (Narren-)Bühne als Hohlkörper oder Resonanzboden, der ein akustisch unauffälliges berittenes Einkreisen der verhaßten

Schwiegersöhne unmöglich macht. Ich finde, meine Lesart ist plausibel – und macht aus dem Vers geradezu eine shakespearesche Schlüsselstelle für das Theaterverständnis der Zeit.« (F.-P. Steckel)

IV, v, 198f. *to shoo ... with Felt* – *to shoot ... with fell* Q

IV, v, 201 *kill, kill, kill, kill, kill, kill* – Peter Moore weist nach »with examples taken from the battlefield, rather than from writers who may never have seen combat, that English and French soldiers of that period actually did use that expression.« (Moore2, 152)

IV, v, 212 *To vse his eyes for Garden water-pots.*
Hier folgt in Q *I and laying Autums dust.* Anschließend fängt Q wieder mit *Lear.* an, obwohl auch vorher Lear sprach

IV, v, 217 *Sa, sa, sa, sa.* – nicht in Q. »An old hunting cry to call a hound« (AE 171)

IV, v, 259ff. »conventional stage dialect, ›approximating to that of Somersetshire‹... It is identical with the Devonshire dialect in *The London Prodigal* (1605)« (AE 173)

IV, v, 275 *English party* – *British partie* Q; politische Redaktionen dieser Art mit Rücksicht auf Schottland sind in F nicht selten (daher erfolgte wohl auch der Ausschluß von *Edward III.* aus F)

IV, v, 296 *indinguish'd* – *Indistinguisht* Q

IV, vii, i *Scaena Septima.* – eine Szene vi ist nicht überliefert; hier macht sich wohl indirekt die gestrichene Szene IV, iii (s. o. und Tiecks Bemerkung im Nachwort) bemerkbar, woraus man folgern darf, daß sie den Editoren von F immerhin vorgelegen hat

IV, vii, 2 *Gentleman* – *Doctor* Q

IV, vii, 33 *I doubt of his Temperance.* – anschließend in Q:
Cord. Very well.
Doct. Please you draw neere, louder the musicke there,

IV, vii, 41 *against the iarring windes?* – anschließend in Q:
To stand against the deepe dread bolted thunder,
In the most terrible and nimble stroke
Of quick crosse lightning to watch poore Per du,
With this thin helme

IV, vii, 41   *iarring* – *warring* Q
IV, vii, 42   *Enemies* – *iniurious* Q
IV, vii, 55   *scal'd* – *scald* Q
IV, vii, 74   *Not an houre more, nor lesse* – nicht in Q
IV, vii, 84   *I am: I am* – *I am* Q

IV, vii, 96   *kill'd* – *cured* Q
IV, vii, 96   *You see is kill'd in him* – anschließend in Q: *and yet it is danger to make him euen ore the time hee has lost*
IV, vii, 101 *I am old and foolish. Exeunt* – anschließend eine gestrichene Stelle, hier aufgenommen, da sie geeignet ist, die bevorstehende Schlacht und die Rolle der ungleichen Brüder darin zu exponieren.
V, i, 16   *To the fore-fended place?* – anschließend in Q:
   Bast. That thought abuses you.
   Reg. I am doubtfull that you haue beene coniunct and bosom'd
     with hir, as far as we call hirs.
V, i, 25   *Forc'd to cry out.* – anschließend in Q:
   where I could not be honest
   I neuer yet was valiant, for this busines
   It touches vs, as France inuades our land
   Not bolds the King, with others whome I feare,
   Most iust and heauy causes make oppose.
   Bast. Sir you speake nobly.
V, i, 31   *On our proceeding.* – anschließend nur in Q
V, i, 47   *And machination ceases.* – nicht in Q
V, ii, 20 *Glo. And that's true too.* – nicht in Q
V, iii, 10 *out-frowne false Fortunes frowne* – Parallele zu Senecas *Oedipus* »fortunes frowne« (AE 187)
V, iii, 12 *No, no, no, no* – *no, no* Q
V, iii, 14f. *When thou dost aske me blessing, Ile kneele downe / And aske of thee forgiuenesse* – ein impliziter sarkastischer Kommentar zum gesten- und wortreichen Ende von *King Leir* (vgl. auch AE 187)
V, iii, 21 *Gods spies* – kein Apostroph in Q und F; Muir nimmt mit Perrett an, S. »intended the plural since he was writing of a pagan world« und fügt den Apostroph hinzu (AE 188). Eine unnötige Glättung, ja Verfälschung
V, iii, 26 *The Gods themselues* – explizit werden die Götter benannt, eine Art Echo auf V, iii, 21
V, iii, 30 *good yeares* – *good* Q. goodjers oder goujeres sind auch interessante Worte, werden aber von Muir mit guten Gründen zurückgewiesen (AE 188f.)
V, iii, 45 *As I haue set it downe* – anschließende Stelle nur in Q; Der Satz ist nötig, um klarzumachen, daß Regan nicht Goneril und Edmund allein zurück lassen will (F.-P. S.)

V, iii, 61   *Where you shall hold your Session* − anschließend in Q:
   at this time, mee sweat and bleed,
   The friend hath lost his friend, and the best quarrels
   In the heat are curst, by those that feele their sharpes,
   The question of Cordelia and her father
   Requires a fitter place.
V, iii, 76   *Alb. − Gon.* Q
V, iii, 90   *Reg. ... thine − Bast. ... good* Q
V, iii, 92   *arrest − attaint* Q, hier einmal mit einer besseren Lesart
V, iii, 93   *Sisters − sister* Q
V, iii, 94   *bare* − Var. bar (Rowe)
V, iii, 99   *Gon. An enterlude.* − nicht in Q
V, iii, 101 *Let the Trumpet sound* − nicht in Q; DF *Trmpet* korr.
V, iii, 108 *medicine − poyson* Q
V, iii, 115 *A Herald, ho.* − anschließend in Q:
   Bast. A Herald ho, a Herald.
V, iii, 124 *within the lists − in the hoast* Q
V, iii, 139f.   *Yet am I Noble as the Aduersary/I come to cope* − *yet are I mou't/Where is the aduersarie* Q
V, iii, 148 *mine Honours − my tongue* Q
V, iii, 151 *Despight* Q − *Despise* F (DF für Despite?)
V, iii, 164 *What safe, and nicely I might well delay* − nicht in Q
V, iii, 167 *hell-hated Lye − hell hatedly* Q
V, iii, 177 *stop it: hold Sir − stople it* Q
V, iii, 183 *Bast. − Gon. ... Exit. Gonorill.* Q
V, iii, 195 *The Gods are iust* − »The heauens are iust« (*Leir*)
V, iii, 195 *vices − vertues* Q
V, iii, 197 *vitious − vicious*
V, iii, 232 *Hearing of this.* − anschließend eine Passage in Q:
   Edg. This would haue seemd a periode to such
      As loue not sorow, but another to amplifie too much,
      Would make much more, and top extreamitie
      Whil'st I was big in clamor, came there in a man,
      Who hauing seene me in my worst estate,
      Shund my abhord society, but then finding
      Who twas that so indur'd with his strong armes
      He fastened on my necke and bellowed out,
      As hee'd burst heauen, threw me on my father,

>   Told the most pitious tale of Lear and him,
>   That euer eare receiued, which in recounting
>   His griefe grew puissant and the strings of life,
>   Began to cracke twice, then the trumpets sounded.
>   And there I left him traunst.

Die Streichung dieser Passage in F stellt ein Problem für den Auftritt Kents in dieser Szene dar, welches die Übertragung mit kleinen Umstellungen der auf Kent bezogenen Repliken zu lösen bemüht ist.

V, iii, 250   *Touches vs not with pitty*: – anschließend folgt das schwer verständliche *O, is this he?* Durch Einfügen eines Fragments aus Q, das auf die nach V, iii, 232 zitierten Zeilen folgt, wird der Auftritt Kents passend überbrückt, wobei das *But who was this* die Frage *O, is this he?* ersetzt. Die Zeilen V, iii, 258-263 *Seest thou this obiect Kent? … couer their faces* wurden zusätzlich vorgezogen, um den Ablauf nach Kents Erkundigung nach Lear (*Is he not here?*) nicht zu unterbrechen

V, iii, 281   *your* – *you* Q

V, iii, 288ff.   *Kent. Is this the promis'd end? Edg. Or image of that horror. Alb. Fall and cease.* – »Mark 13:12 provides the appropriate omen of the Judgement Day: ›Yea, and the brother shall deliuer the brother to death, and the father the sonne, and the children shall rise against their parents, and shall cause them to die.‹ So Kent … quite correctly identifies the familial slaughter around him, including the Christ-like Cordelia, with the signs forecasting doomsday. … Edgar apparently intends to correct Kent's implication that the end may be nigh, which can hardly be the case, given that Lear precedes the birth of the Messiah. Nevertheless, the basic portents of doomsday are predicted in Daniel 9, and so were known before the time of Christ. Albany's ›Fall, and cease‹ seemingly refers to another omen in Mark 13:25: ›And the starres of heauen shall fall.‹ Hence, Albany's words could be paraphrased as: ›Let this be the end.‹« (Moore 115f.)

V, iii, 311   *This is a dull sight* – nicht in Q

V, iii, 349   *Do you see this? Looke on her? Looke her lips,/Looke there, looke there. He dies.* – *O, o, o, o.* Q; »Lear dies of joy, believing Cordelia to be alive (Bradley)« (AE 205)

V, iii, 349   *Kent.* – *Lear.* Q

V, iii, 362   *Edg.* – *Duke* Q; eine weitere fundamentale Textunsicherheit wie in V, iii, 349

Nachwort

Zu dieser Edition

Im Nachwort zum ersten Band dieser Ausgabe (*Timon aus Athen*) haben wir die Prinzipien unserer Edition festgelegt und ausführlicher die Entscheidung begründet, auf den englischen Originaltext zurückzugehen. Zusammengefaßt:

* Als englischer Text wird der bestverfügbare Originaltext des Stücks weitgehend wort- und zeichengetreu dargeboten. In diesem Falle jedoch sind sowohl die erste Quartoausgabe (Q1) von 1608 als auch die Folioausgabe von 1623 nicht ohne weiteres als verbindliche Originalausgaben anzusehen. Q1 wurde aufgrund diffiziler Erörterungen (s. u.) als zweitrangig eingestuft, hauptsächlich wegen der generellen Unzuverlässigkeit des Textes.
* Die deutsche Übersetzung ist auch ein Kommentar zum englischen Text, der den Leser in der Regel den Sinn des Originaltextes weitgehend erfassen läßt und bei Zweifelsfällen erläuternd wirkt.
* Fast alle – bei Shakespeare häufiger als bei jedem anderen Autor zu findenden – seltenen Ausdrücke sind in der Orthographie meistens (nahezu) identisch mit der heutigen Schreibweise (abgesehen von dem auf den ersten Blick merkwürdig anmutenden historischen Gebrauch des »u« und »v«), was daran liegen mag, daß die sperrigen Vokabeln des Urtextes heute fast immer noch dieselben sind wie vor mehr als 400 Jahren – und heute genauso selten wie zur Shakespeare-Zeit. Mit anderen Worten: altertümlich anmutende Wörter sind eher nicht durch altertümliche Schreibweise fremd, sondern durch ihre Seltenheit, ja

Einzigartigkeit. Nach etwas Gewöhnung wird dies nicht mehr als Problem empfunden werden, sondern als Gewinn.

Zum Stück

Textgrundlage

King Lear ist (gemäß oxfordianischer Auffassung) nach *Hamlet* das erste postum herausgegebene Werk Shakespeares, demzufolge ist der Text der beiden überlieferten Editionen – der Quartoausgabe von 1608 (Q1) und der Folio-Ausgabe von 1623 (F) – von ihren Herausgebern zusammengestellt und im Zweifelsfall verfälscht worden. Die herrschende Meinung sieht ähnliche, nicht weiter begründete Probleme bei beiden Stücken; der Text von *Hamlet* ist lt. Wikipedia »one of the most difficult problems in the First Folio ... probably typeset from some combination of Q2 and manuscript sources«, *King Lear* sei ebenfalls »a difficult problem: probably set mainly from Q1 but with reference to Q2, and corrected against a prompt-book.«

Im Gegensatz zur hM jedoch sind wir nicht gezwungen, der Quarto von 1608 (Eintrag im *Stationers Register* 1607, nachgedruckt (Q2) 1619 mit der Jahreszahl 1608 als Teil der *Pavier collection* ohne bemerkenswerte Varianten) zugutezuhalten, daß sie vom Autor mehr oder weniger gewollt veröffentlicht wurde. Schon die Feststellung von Sidney Lee, daß einige Bögen aus Q »never subjected to any correction of the press« (Looney 356) waren, legt ja die Vermutung nahe, daß es sich hier um eine nicht autorisierte Veröffentlichung handelt; ja man kann mit Sicherheit von einer Art Raubdruck sprechen.

Alle Debatten der Shakespeare-Philologie, die um ihre selbstgeschaffenen Begriffe *bad quarto*, *prompt book*, *foul papers*, *memorial reconstruction* etc. kreisen, ließen sich allein anhand der Textgrundlage von *King Lear* endlos fortführen. Das Material dazu ist umfangreich: Q1 enthält ca. 300 Verse, die nicht in F enthalten sind, F enthält 100, die in Q1 fehlen, dazu kommen einige hundert häufig sehr verwirrende Textvarianten. Oder auch ausnehmend banale: »304. No, no, no] *F*; no, no *Q*. 305. have] of *Q1*. 306. Thou'lt] *F*; O thou wilt *Q*. 307. Never] *five times F; thrice Q*.« (AE 205) etc. pp., und dies lediglich bei Lears letzten Worten, bei denen man doch solche Eingriffe nicht unbedingt erwartet.

Allzuviele Varianten dieser Art anzugeben hätte nicht nur diese Ausgabe überfrachtet, sie hätte auch Q1 eine Autorität zugemessen, die nicht vertreten werden kann. Wenn z.B. Q1 die Schlußworte Edgars dem Herzog von Albany zuschreibt, so kann man folgern, daß hier eine grundsätzliche Unentschiedenheit (oder auch Schludrigkeit) gegenüber dem Text im Spiel war. Daß Edgar als Sprecher des Schlußworts die dramatisch gesehen bessere Wahl ist wird kaum jemand bestreiten wollen, also hat F in diesem Fall den überzeugenderen Text. Ähnliche Beispiele sind häufig und können anhand der Anmerkungen nachgeprüft werden, wobei in dieser Ausgabe allerdings nur die auffälligeren Textvarianten angezeigt werden.

Der Anspruch der Folioausgabe ist es, Texte »according to the True Originall Copies« zu bieten, und im Falle des *King Lear* besteht also kein Anlaß, dies in Frage zu stellen, im Gegenteil wird dieser Anspruch hier erst begründbar. Die Quarto-Edition könnte damit (analog zur *Othello*-Quartoausgabe von 1622) bis auf sehr wenige Ausnahmen, in denen Q1 einen besseren bzw. vollständigeren Text überliefert, generell zu vernachlässigen sein – wenn es nicht das Problem der in F gestrichenen Passagen gäbe.

Getilgte Stellen

> Wie bei den anderen Werken die Folio-Ausgabe von 1623 der beste Leiter ist, so hat diese Ausgabe den Lear auf sehr merkwürdige Weise, vorzüglich durch Auslassungen, vernachlässigt. (Tieck 379)

Es wird im allgemeinen nicht bestritten, daß Q1 ein authentisches Werk Shakespeares ist. Daraus folgt auch, daß Stellen, die sich nur hier finden, von ihm selbst stammen, nicht von hypothetischen Ko-Autoren wie etwa Schauspielern oder Redakteuren mit eigenen Ambitionen. Da aber die Folio-Fassung ihrem Anspruch nach mindestens genauso authentisch ist, kann begründet angenommen werden, daß auch die aus Q1 getilgten Stellen vom Verfasser selbst absichtsvoll gestrichen wurden, und zwar zu einem späteren Zeitpunkt. F darf demnach also als die Fassung letzter Hand dieses Stückes betrachtet werden , Q1 als eine etwas frühere Version (und *The true Chronicle Historie of King Leir and his three daughters* als eine sehr frühe Urfassung, s. u.).

Wer die zahlreichen Werke Shakespeares, zu denen es eine Frühfassung des Autors gibt, mit den älteren Versionen vergleicht, wird erkennen, daß diese Überarbeitungspraxis nichts Ungewöhnliches für Shakespeare ist. Inzwischen beginnt sich auch die Überzeugung durchzusetzen (kürzlich bei Jimenez und Gilvary), daß erst dieser Überarbeitungsvorgang das geschaffen hat, was wir heute als Shakespeares Oeuvre kennen.

In modernen Editionen (Arden 2 kann hier als Muster dienen) wird eine *Lear*-Version präsentiert, die mittels aller in F getilgten Passagen aus Q und aller in F ergänzten Textteile eine quasi apokryphe »Vollversion« erzeugt, die ihrem Charakter nach keinem der beiden verschiedenen Drucke mehr folgt – schon gar nicht F in seiner strikteren (man ist versucht zu sagen theaternäheren) Reduktion auf die Haupthandlungen. Frank-Patrick Steckel schreibt zu seiner Übertragung:

> Ausgaben (und Übersetzungen, folglich auch Aufführungen) des Texts sind im Allgemeinen bemüht, aus den zwei Stücken scheinbar eines werden zu lassen, indem die Herausgeber das gesamte vorhandene Material in dramaturgisch möglicher Weise aneinanderfügen. Die vorliegende Übersetzung folgt demgegenüber im Wesentlichen der Folio-Ausgabe .... Teile der Fassung Q1 werden lediglich da übernommen, wo begründet vermutet werden darf, daß sie in F, aus welchen Gründen auch immer, fehlen.

Diese Edition übernimmt, Steckels Übersetzung folgend, diese wenigen Passagen aus Q1. Diese Übernahmen geschehen nur dort, wo sie nach Überzeugung des Übersetzers hilfreich für das Verständnis der in F niedergelegten Fassung des Stücks und seiner dramaturgischen Struktur sind. Sie werden im Druck farblich markiert. An einigen Stellen wurden deshalb ebenfalls (ein Novum in dieser Reihe) neben den Einrückungen von Q-Fragmenten kleine Umstellungen im F-Text selbst vorgenommen – auch die Redaktion der Folioausgabe, die nach geläufiger Meinung in großer Eile erfolgte, ist, im Falle des *Lear* vor allem im Umgang mit den vorfindlichen Quartodrucken, nicht über Irrtümer und Ungenauigkeiten erhaben.

Ludwig Tieck holt zwar zu den in F gestrichenen Q-Stellen (insbesondere der Cordelia-Szene IV, iii der gängigen Zählung) einige waghalsig-amüsante Hypothesen über Verlegerverhalten, »das Theaterbuch«, »Rücksichten auf die Theater-Censur« hervor, dann aber kommt sein theatraler Instinkt zur Einsicht:

> Denn es ist nicht zu leugnen, diese Zwischenscene bringt eine gewisse Verwirrung in die Tragödie. Cordelia ist mit französischen Truppen gelandet, der König hat sie begleitet, er ist aber, wegen Unruhen in seinem eignen Lande, zurück gegangen. Shakspeare vermeidet es sonst geflissentlich, dergleichen Ereignisse, die auf das Gedicht keinen Einfluß haben, zu erwähnen. Auch macht sich, abgesehn von allem Costüm, welches im Lear ganz willkürlich ist, der Marechal le Fer doch auffallend seltsam, um so mehr, da er nicht wieder genannt wird. Am meisten aber erregt es verwirrende Verwunderung, daß der alte Lear in der Stadt, in Dover, ist. So muß es auch seyn, denn sonst würde ihn der getreue Kent nicht verlassen haben, er hat ihn selbst mit Glosters Hülfe dorthin geschafft. Lear ist aber so beschämt, daß er die grausam verstoßene Tochter nicht sehn will; er ist also doch im vollen Bewußtseyn seiner Lage und seines Unrechts. Nun aber sehn wir ihn nach einigen Scenen wahnwitzig im Felde rumirren. Wie hat seine Umgebung in der Stadt nur so unachtsam seyn können? Cordelia schilt nachher, als sie zuerst auftritt, auf Niemand; es wird auch nicht erwähnt, daß er schon einmal in ihrer Nähe gewesen sei. Nimmt man nun diese Scene aus dem Stück, so fallen auch alle jene Fragen und Zweifel hinweg, weil man nicht an sie erinnert wird. Diese Umstände zusammen genommen, kann der Dichter wohl selbst diese schöne Scene späterhin gestrichen haben. (380)

Daß Tieck die in F entfernte Szene zu Recht als „schön" bezeichnet, mag als Beleg für die Opfer herhalten, die, wenn schon nicht der Autor selbst, so doch spätestens die Herausgeber von F zugunsten einer strafferen Dramaturgie des Stücks zu bringen bereit waren.

Quellen

Harsnett und das *Miracle book*

Die Shakespeare-Philologie hat im Laufe der Zeit einige Entdeckungen gemacht und daraus teilweise weitreichende Folgerungen gezogen. Die Sicherheit, mit der diese vorgetragen werden, entspricht aber nicht der tatsächlichen Fundiertheit dieser Aussagen. Samuel Harsnetts *Declaration of egregious Popish Impostures* ist eine solche Entdeckung.

Dieses Buch erschien vermutlich 1603 (Eintrag im Stationers' Register vom 16.3.1603, gedruckt von James Roberts, Shakespeares Hauptverleger) und enthält einige z. T. wörtliche Übereinstimmungen mit *King Lears* Poor Tom-Szenen. Insbesondere die Namen der von Edgar aufgezählten Dämonen *Fliberdigibett* (III, iv, 119 *Flibbertigibbet* F – *fliberdegibek* Q), *Smolkin* (III, iv, 144 *Smulkin* – *snulbug* Q) etc. (vgl. Arden 239ff.) sind eindeutige Parallelen.

Was folgt daraus? Wie immer in solchen Fällen gibt es drei mögliche Antworten:
 a) Shakespeare schrieb von Harsnett ab
 b) Harsnett schrieb von Shakespeare ab
 c) beide folgen einer gemeinsamen Quelle

Die konventionelle Auffassung betrachtet nur a) und folgert unbeirrbar, daß sich der Autor 1603 dieses Buch besorgt hat, um mit dem dort angelesenen Material sein gerade in der Entstehung befindliches Stück um exotische Inhalte anzureichen. Dies ist zwar wenig erhellend, dient aber vor allem der Untermauerung der ersehnten Chronologie 1603-1606-1608.

Aufgrund jener chronologischen Einordnungsbedürfnisse wird Variante b) gar nicht erwogen, allerdings ist sie aufgrund der Natur der vorliegenden Texte nicht allzu plausibel, ein paar allenfalls Zuschauern zugängliche Anspielungen in einem Theaterstück eines gebildeten Autors sind wohl leichtgewichtiger als das umfängliche Druckerzeugnis eines Theologen. Doch (was in der Regel nicht untersucht wird, wenn man sich mit Folgerung a zufrieden gibt) – worüber schreibt Harsnett eigentlich?

Harsnett (1561-1631) war u. a. seit 1597 Kaplan des Bischofs von London; »it is well known that ... from 1597 to 1604 ... Harsnett had the job of censoring plays for the press« (Bowen 240), er könnte also durchaus auch den *Lear* schon im Manuskript gekannt haben. Viel frappanter ist aber, daß Harsnett sich tatsächlich ausdrücklich auf eine Quelle bezieht, aus der er ausführlich berichtet:

> I have alleged nothing for materiall, or authenticall heerein, but the expresse words eyther of some part of the Miracle booke, pennend by the priests, and filed upon Record, where it is publique to be seene, or els a clause of thyr confessions wo were fellow actors in this impious dissimulation. Whose serveral confessions ... are heere published in print, that the world may be a witnesse of our integrity herein (Bowen 240f.)

Es gibt also eine reale gemeinsame Quelle, das *Miracle book*, das auf Aufzeichnungen von gefangenen katholischen Exorzisten in den Jahren 1585/86 zurückgeht. Eine komplizierte Geschichte, die nicht nur mehrfache Hinweise auf »Lord Vaux's house in Hackney, called King's Place« enthält, das »one of the locations of the exorcisms« war (Gilvary 402), und das Oxfords zweite Ehefrau nach Vaux' Tod 1596 erwarb, um dort u.a. mit Lady Vaux zu wohnen (die Oxfords wohnten seit 1591 in der Nähe und waren offensichtlich mit Vaux befreundet). Das leider nicht auffindbare *Miracle book* kann zwar nicht als endgültiger Beweis für These c) vorhalten (die auch ohne textliche Belege durch Harsnetts Aussagen bereits gesetzt ist), aber wie immer in diesen Dingen ist Oxford ganz in der Nähe, wo Shakspere vermutet wird.

Anspielungen auf einen hochnotpeinlichen Exorzismusbericht aus der Zeit der Katholikenverfolgungen (an denen Oxford nicht nur als Geschworener selbst beteiligt war) in dieser Form auf die Bühne gebracht: so erschließt sich die ganze Ironie des *Lear* und seines Verfassers.

The True Chronicle History of King Leir

> all my best is dressing old words new
> Sonnet LXXVI

Am 14. Mai 1594 wurde im Stationer's Register unter dem Namen Adam Islip der Titel *The most famous Chronicle of LEIRE king of England anf his Three Daughters* eingetragen; der Name Islips (Islip druckte u.a. 1602 Chaucers Werke) wurde später durch den des bekannten Shakespeare-Druckers Edward White ersetzt (*Titus Andronicus*, *Love Labour's Lost*). Am selben Tag erfolgte auch der Eintrag der *Famous Victories of Henry Fifth*, eine weitere apokryphe Frühfassung der Dramen um Henry IV/V, die erst 1598 erschien. *Leire* wurde jedoch offensichtlich nicht gedruckt, erhalten ist lediglich die Fassung, die am 8. 5. 1605 in Register als *the Tragecall historie of king LEIR and his Three Daughters* von Simon Stafford eingetragen wurde (Gilvary 397).

Es wird nicht angezweifelt, daß Shakespeare das Werk für sein Stück benutzt hat; die Kontroverse verläuft zwischen den Extremen Überarbeiten eines fremden Stückes im Jahre 1605 oder radikales Umschreiben eines eigenen Frühwerks.

Ohne eine genaue Kenntnis des voraufgegangenen Textes wird man sich hier kein Urteil bilden können; daher wird demnächst auch eine Edition des *Leir* in Tiecks Übersetzung in diesem Verlag erscheinen.

Die seit 1139 überlieferte Geschichte von Lear und seinen Töchtern findet sich auch in Holinsheds *Chronicles* (1577), später dann u. a. auch bei Spenser und Sidney (Gilvary 400). Die prinzipiellen Übereinstimmungen mit *King Lear* finden sich in der Haupthandlung um Lear und seine Töchter samt den Schwiegersöhnen; die Nebenhandlungen um Edmund, Edgar und Gloster sind hingegen alleiniger Zusatz in Shakespeares Spätwerk bzw. sehr stark überarbeitet (Kent gegenüber Perillus im *Leir*).

Zur Chronologie

Die Frühfassung *Leir* hat ihre eigene Chronologie; wie in anderen Fällen ist zu vermuten, daß die Entstehung dieses Stücks weit zurückgeht (Jiménez nimmt 1574 als Entstehungsdatum an). Man kann das Stück auch als ein eigenes Königsdrama ansehen, eine Variante der Holinshed-Adaptationen aus frühhistorischer Zeit, in der Art von *Cymbeline* oder *Macbeth*. Die radikale Neufassung des Stoffes hingegen vermittelt einen direkten Einblick in das Wirken des späten Shakespeare.

Der Theatermanager Philip Henslowe notiert zwei Aufführungen von *King Lear* am 6. und 8. April 1594, von denen generell vermutet wird, daß es sich um die einen Monat später zum Druck vorgemerkte *Leir*-Frühfassung gehandelt habe. Daß der Druck dann nicht zustande kam, kann als Indiz für die nach diesem Zeitpunkt einsetzende Überarbeitung des Stückes gewertet werden.

Der Überarbeitungsprozeß nahezu aller Stücke, die ab 1591 als Werk William Shakespeares erschienen, ist als paralleles Arbeiten an mehreren Titeln zu verstehen, die bearbeitet, veröffentlicht, erneut überarbeitet und veröffentlicht, oder auch, wie bei *King Lear*, erst posthum veröffentlicht wurden. Spätestens ab 1597 liegen endgültige Fassungen vor, Ende 1600 (siehe unsere Edition von *A Midsummer Night's Dream*) setzen die Veröffentlichungen fast vollständig aus. Bei den spätesten entschlossenen Überarbeitungen wird man daher postulieren können, daß sie noch ab 1601 stattgefunden haben. Zu diesen ist auf jeden Fall auch *Macbeth* zu rechnen. Das Selbstzitat *As Flies to wanton Boyes, are we to th'Gods, / They kill vs for their sport* belegt – wie die Dominanz philosophisch-religiöser Themen (vgl. die Arbeiten Peter Moores zu beiden Stücken) – die große Nähe dieser Tragödie zu *King Lear*.

Die nicht umgesetzte Entscheidung von 1594, den alten *King Leir* zu veröffentlichen, wird demnach eine Neuschrift ausgelöst haben, die bereits im Februar/März 1598 (nachgewiesene Daten der I, ii, 103 erwähnten Sonnen- und Mondfinsternisse, vgl. Wember) dem Versionsstand der Quarto-Ausgabe entsprochen haben könnten. Die Redaktionen der Folio-Fassung sind später anzusetzen.

Biographische Bezüge

Eric Sams hat seinerzeit als stärkstes Indiz für die Verfasserschaft des Stratforders angeführt, »daß *Hamnet* [Will Shakspres verstorbener Sohn] und *Hamlet* lediglich zwei Varianten desselben Namens sind.« Oxfordianer haben bei der Suche nach solchen biographischen Bezügen ein anscheinend leichteres Spiel, sind dabei jedoch vergleichbar der Gefahr von voreiligen Schlußfolgerungen ausgesetzt. So wäre es eine sehr simplifizierte Sicht, aus der Tatsache, daß Edward de Vere drei Töchter hatte, darauf zu schließen, daß ihn dieser Umstand motiviert hätte, die Geschichte von *King Lear* zu dramatisieren, die er schon seit mindestens 1577 gekannt haben mußte. Man kann im Gegenteil vermuten, daß er *King Leir* nicht geschrieben hätte, wenn er zu dieser Zeit schon der Vater dreier Töchter gewesen wäre. Daß dies 1587 eintrat, mag dann einer der Gründe dafür gewesen sein, daß er das Stück noch einmal völlig umschrieb.

Der Oxfordianer Sigmund Freud (auch ein Vater von drei Töchtern) rekapitulierte 1934 in einem Brief an James S. H. Bransom seine Gedanken zu *King Lear*, wobei ihm einige bemerkenswerte Ungenauigkeiten und Fehlinterpretationen (auch Fehlleistungen im Sinne seiner eigenen Lehre) unterlaufen, die allenfalls mit dem ungenügenden biographischen Wissensstand jener Jahre zu erklären sind:

> Ich habe mir schon erlaubt, Ihnen anzudeuten, daß ich Shakespeare für identisch halte mit Edward de Vere, dem 17. Grafen von Oxford. Schauen wir, ob diese Hypothese etwas zum Verständnis der Tragödie beiträgt. Oxford hatte tatsächlich drei erwachsene Töchter (andere Kinder, darunter der einzige Sohn, waren jung gestorben*): Elisabeth, geboren 1575, Bridget 1584 und Susanne 1587. Ich will Sie auf eine auffällige Veränderung aufmerksam machen, die Shakespeare an seinem Stoff vornahm. In allen Berichten der Quellen sind die Töchter zur Zeit der Liebesprobe unverehelicht und heirateten erst spä-

---

* Oxfords erster ehelicher Sohn starb zwar 1583 nach der Geburt, vorher jedoch (1581) kam (was B. M. Ward noch nicht wußte) sein unehelicher Sohn Edward zur Welt. Diese Konstellation entspricht genau der Situation im späten *Lear*. Der überlebende Erbe Henry wurde erst 1593 aus zweiter Ehe geboren.

ter (Rudolf Fischer, Quellen zu König Lear, 1914). Bei Shakespeare sind die beiden älteren zu der Zeit verheiratet (Goneril schon schwanger) und Cordelia noch ledig. Wenn wir die Abfassung des Lear — gewiß mit Recht — in die späte Lebenszeit des Dichters legen, dann haben wir eine auffällige Übereinstimmung. Elisabeth heiratete Lord Derby 1595; Bridget heiratete Lord Norris 1599. Da Oxford 1604 starb und Susanne, unsere Cordelia, Lord Pembroke erst 1604 heiratete, war sie durch die ganze Lebenszeit ihres Vaters ledig. Wir müssen natürlich annehmen, daß der Lear nach 1599, jedenfalls vor 1604 verfaßt wurde (B. M. Ward, The Seventeenth Earl of Oxford, 1928).
Die andere entscheidende Änderung, die der Dichter an seinem Stoff vornahm, war bekanntlich die, daß er Lear als geisteskrank hinstellte, und dies tat er auf eigene Initiative ohne jede Unterstützung seitens der Quellen. Wir können dies vielleicht verstehen, wenn wir den Vergleich mit dem »Absurden« im Traume heranziehen. Dieses bedeutet eine energische Ablehnung des Trauminhalts, als hieße es, »so etwas zu glauben wäre unsinnig«. Shakespeare könnte dasselbe getan haben, wenn seine Sexualbegierden nach den Töchtern seinem Bewußtsein zu nahe kamen: er wollte sagen, »nur ein Verrückter könne solche Wünsche haben«. Lear mußte verrückt gemacht werden, eben gerade, weil die richtige Geschichtschronik seine überstarke Liebe zu den Töchtern betont hatte. Ist es übrigens nicht merkwürdig, daß in dem Stück, das die Beziehungen des Vaters mit seinen drei Töchtern behandelt, der Mutter keinerlei Erwähnung getan wird?** Und schließlich muß doch eine

** In der Urfassung des *King Leir* wird die verstorbene Mutter der drei Töchter ausführlich erwähnt, ein weiterer sehr präziser biographischer Bezug, dessen Abschwächung in der späteren Redaktion die von Freud erkannte psychologische Relevanz indirekt bestätigt. Darüber hinaus wird sie auch im *Lear* in einer aufschlußreichen Stelle (s.u. bei Warren Hope) sehr wohl erwähnt.

vorhanden gewesen sein. Es ist dies einer der Züge, der der Tragödie einen ziemlich schroffen Anstrich von Unmenschlichkeit verleiht. Wenn Shakespeare Lord Oxford wäre, muß die Figur des Vaters, der alles, was er besaß, seinen Töchtern gab, eine besondere kompensatorische Anziehungskraft auf ihn ausgeübt haben, da Edward de Vere genau das Gegenteil war: ein ungenügender Vater, der seinen Kindern gegenüber nie seine Pflicht tat. Er verschleuderte sein Erbe, war ein miserabler Geschäftsmann, von Schulden bedrückt; er konnte seine Familie nicht ernähren, lebte nicht mit ihr und überließ die Erziehung und Fürsorge seiner drei Töchter ihrem Großvater, Lord Burleigh. Seine Heirat mit Ann Cecil wurde sehr unglücklich. Wenn er Shakespeare war, hatte er selbst Othellos Qualen durchgemacht. (NSJ 2010)

Solcherlei Ungenauigkeiten oder Überinterpretationen sind nicht direkt falsch, sondern Ansätze, die es aufgrund der inzwischen recht umfangreichen und genauen biographischen Forschung zu Edward de Vere (vgl. z. B. die ausführliche Studie von A. Bronson Feldman) erlauben, weiterzudenken. Das oberflächliche Bild Oxfords als »ungenügender Vater« ließe sich zwar heute wesentlich korrigieren; das hinderte aber Alan Nelson nicht, es bereitwillig aufzunehmen, um Oxford zu diskreditieren. Warren Hope hat in der Auseinandersetzung mit Nelson die Zusammenhänge dargestellt und dabei auf weitere, sehr direkte Parallelen zu Oxford hingewiesen:

Niemand würde behaupten, daß zum Beispiel Elizabeth Vere, Countess of Derby, Ehefrau von William Stanley, dem 6. Earl of Derby, mit Goneril identisch ist. Goneril ist eine Rolle in einem Schauspiel oder, genauer noch, eine Sammlung von Reden, Wörtern auf Blättern, überhaupt keine Person. Dennoch, als Lear durch die Behandlung, die er von seiner ältesten Tochter erfährt, zur Raserei getrieben wird, spielt er in einer Ansprache an die Adresse von Regan auf eine Verleumdung gegen Anne Cecil de Vere an – einen Vorwurf des Ehebruchs, der, wenn er zutrifft, Elizabeth Vere unehelich machen würde. Im 2. Akt, Szene IV, sagt Regan: »Es freut mich, Eure Hoheit zu erblicken«. Lear antwortet:

> Das, Regan, das denk ich mir, und ich weiß auch
> Welch einen Grund ich habe, das zu denken;
> Denn freute es dich nicht, ich ließe mich
> Vom Grabe deiner Mutter scheiden, da es
> Eine Ehebrecherin beherbergt.

Ebenso würde niemand behaupten, daß Cordelia mit Susan Vere, Oxfords jüngster Tochter, identisch ist. Trotzdem lohnt es sich, auf die Ähnlichkeit ihrer Situation zu Beginn des Stückes hinzuweisen – und auf die Möglichkeit, daß die Person des Stückes zumindest teilweise einem lebenden Modell nachgebildet ist. Professor Alan Nelson von der californischen Universität in Berkeley hat Belege entdeckt, die die Wahrscheinlichkeit erhöhen, daß Susan Vere als Modell für Shakespeares Cordelia diente.

Nelson wurde auf ein Couplet aufmerksam, aufgezeichnet im *Diary of John Manningham of the Middle Temple 1602-1603*, das im Sommer 1602 Requisit eines höfischen Festes in Gegenwart der Königin war. Hofdamen zogen Lose und jedem Geschenk wurde ein Couplet beigegeben. Manningham zeichnete die Verse auf, zusammen mit den Namen der Damen, die sie empfingen und der Art der dazugehörenden Geschenke. Manningham schrieb:

> Blank [Niete]: LA[DY] Susan Vere
> Nothing's your lott, that's more then can be told
> For nothing is more precious then gold.
> [Nichts ist dein Los, das ist mehr als gesagt werden kann,
> Denn Nichts ist wertvoller als Gold.]

Das Ziehen von Losen bei höfischen Festen wurde vorher arrangiert, die Art der Geschenke und Verse, die an jeden Teilnehmer gingen, wurde tatsächlich nicht dem glücklichen Zufall überlassen, der das Fest dem Anschein nach lenkte. Stattdessen stellten die Geschenke und Verse häufig Insider-Scherze dar, eine Art von Kommentar zur Situation des Empfängers.
Nelson mißversteht das Couplet, das Susan Vere zog, drastisch. In der Meinung, daß die Sprache von Werbeplakaten, angeklebt über der Kasse eines Supermarkts, geeignet wäre für die Beschreibung elisabethanischen Hoflebens, stürzt sich Nelson auf die unwahrscheinliche Folgerung, dieses Couplet belege, Oxford wäre am Hofe als ein »deadbeat dad« bekannt gewesen, ein kaputter Taugenichts, einer, der nicht fähig ist, für seine jüngste Tochter zu sorgen. Ich sage, diese Folgerung ist unwahrscheinlich, weil sie ignoriert, was das Couplet sagt, wer der Autor des Couplets war und bei welcher Gelegenheit das Couplet öffentlich verlesen wurde. Mehr noch: aufgrund seiner Fehlinterpretation des Couplets (und seines Vorurteils bezüglich Shakespeares Identität) konnte Nelson in ihm nicht das Echo aus *König Lear* vernehmen.
Die Couplets für Lady Susan Vere und das ganze Fest, das vor der Königin in Harefield in Middlesex, der Heimat des Lord Keepers Sir Thomas Egerton aufgeführt wurde, wurden von John Davies geschrieben, heutzutage bekannt als Sir John Davies.... Davies [...] stand in Verbindung mit Oxford und schrieb ein Epithalamium aus zehn Sonetten zur Hochzeit von Elizabeth Vere und William Stanley, Lord Derby. Das Festspiel, das Davies verfaßte, um die Königin in Harefield zu begrüßen, wurde zuerst in der zweiten Auflage von Francis Davisons *Poetical Rhapsody* (1608) veröffentlicht. Es bestand, wie dort beschrieben wird, aus einem Matrosen mit einem Kästchen unter dem Arm, das »all die nachfolgenden verschiedenen Dinge enthält, von denen man annahm, daß sie aus dem Schiff stammten«. Einige der Geschenke, die auf diese Art an die anwesenden Damen verteilt wurden, waren Dinge wie ein Scherenetui,

das Zifferblatt einer Uhr und Schreibtafeln. Die Couplets, die die Losgeschenke begleiteten, gaben den Kommentar dazu. Aber einige der Damen erhielten Nieten, d. h. Verse ohne Geschenke. Der Matrose beschreibt in seiner Einführungsrede, wie dieses offenbare Pech zu verstehen ist: »Kommt, ihr Damen, versucht Euer Glück, und wer eine Niete erwischt, soll denken, daß Fortuna ihrer bei diesem Spielchen spottet, sie aber in größeren Dingen belohnen wird.«

Selbst wenn John Davies Oxford oder seiner Familie feindlich gesonnen gewesen wäre – was er nachweislich nicht war – würde er schwerlich diese Gelegenheit genutzt haben, um Oxford öffentlich als »deadbeat dad« bloßzustellen und seine jüngste, unverheiratete Tochter zu demütigen, während sie die Königin auf einem Besuch begleitet.

Was noch wichtiger ist: das Couplet zeigt deutlich, daß Lady Susan Vere die Empfängerin eines eigentlich unbezahlbaren Geschenkes ist – eines, das »mehr« darstellt, »als gesagt werden kann« und »wertvoller als Gold« ist; allerdings eine sehr merkwürdige Art von »Nichts«. Das Couplet ist ein Rätsel, sofern es Susan Vere mit einem unsagbaren und wertvollen Geschenk belohnt, das »Nichts« zu sein *scheint*. Was konnte gemeint sein? Ein Blick auf den Text von *König Lear* löst das Rätsel.

In der ersten Szene von *König Lear*, der Szene, die die Ereignisse des Stückes herbeiführt, findet eine Art von Wettbewerb statt. Lear teilt sein Königreich und verkündet, welche Mitgift seinen drei Töchtern zuerkannt wird. [...] Der Dialog lautet:

LEAR [...] was kannst, deinen Dritteil
   Dir zu sichern, du mir Üppigeres
   Als deine Schwestern sagen?
CORDELIA   Nichts, Mylord.
LEAR [...] So jung und schon so lieblos?
CORDELIA So jung, Mylord, und wahrheitsliebend.
LEAR   Seis drum.
   Dann nimm als deine Mitgift deine Wahrheit (I, i, 91-114)

Dieser Dialog löst, paradox gebrochen, das Rätsel um das von John Manningham in seinem Tagebuch aufgezeichnete Couplet, das John Davies 1602 für Susan Vere schrieb, als sie fünfzehn Jahre und unverheiratet war.

Wahrheitsliebe, eine Anspielung auf ihren Familiennamen und ein Fingerzeig auf das von ihrem Vater benutzte Motto vero nihil verius (»Nichts wahrer als die Wahrheit«), ist das »Nichts«, das gleichzeitig mehr als gesagt werden kann und wertvoller als Gold. Arm wie er war erinnerte Oxford seine jüngste Tochter an ihre unverlierbare Mitgift – seinen Namen: Wahrheit. Das ist die Pointe von Davies' Couplet und jene Art von elisabethanischem Kompliment und Insider-Scherz, das die Königin und die Hofleute in Harefield verstanden und gewürdigt haben werden.

Anders als Cordelia heiratete Susan Vere nicht zu Lebzeiten ihres Vaters. Sie heiratete schließlich Philip Herbert, Earl of Montgomery, einen aus dem »unvergleichlichen Brüderpaar«, dem die Erste Folioausgabe von Shakespeares Stücken gewidmet ist.

Auch hier ist (nebst anderen Ungenauigkeiten) der Schluß, »daß Susan Vere als Modell für Shakespeares Cordelia diente« voreilig. Wenn die Äußerung John Davies' überhaupt echt ist (Mannighams Tagebuch wurde eindeutig einer »Collier-Verfälschung« (Detobel) unterzogen, wobei Collier aber nicht Belege zugunsten de Veres eingestreut haben wird), dann ist sie eher als Referenz Davies' auf das 1601/02 bereits bekannte Stück *King Lear* zu verstehen, dessen Verfasser er seiner Tochter gegenüber mit anspielungsreichen Worten huldigte, die vielleicht nur von wenigen Eingeweihten, von ihr selbst aber deutlich verstanden werden konnten.

Uwe Laugwitz

Literatur

(AE) William Shakespeare: King Lear. Edited by Kenneth Muir. London/New York 1972 (reprinted 1991; The Arden Shakespeare, Second Edition)

(Bowen) Bowen, Gwynneth M.: Hackney, Harsnett, and the Devils in King Lear. *The Shakespeare Authorship Review* 14/1965 (reprinted u.a. in Miller, Ruth Loyd (Hrsg.): *Oxfordian Vistas*, Jennings 1975)

(Detobel 1998) Detobel, Robert: Eine Chronologie! Eine Chronologie! Mein Pferd für eine Chronologie! In: *Neues Shake-speare Journal* 2, Buchholz i.d.N. 1998, S. 81-138

(Freud) [Freud, Sigmund:] Freud als Oxfordianer. In: *Neues Shake-speare Journal* N.F. 1, S. 107-123

(Gilvary) Gilvary, Kevin (Hrsg.): Dating Shakespeare's Plays. Tunbridge Wells 2010.

(Gilvary2) Gilvary, Kevin: Towards Oxfordian Chronology of Shakespeare's Plays. *De Vere Society newsletter* January 2019, 21-41.

(Hope) Warren Hope: Lears Cordelia, Oxfords Susan und Manninghams Tagebuch. *Neues Shake-speare Journal* II, S. 66-71.

(Jiménez) Ramon Jiménez: Shakespeare's Apprenticeship. Jefferson 2018.

(Looney) John Thomas Looney: »Shakespeare« Identified. Centenary Edition. Somerville, Massachusetts 2018.

(Moore) The Nature of *King Lear*. In: Moore, Peter R.: The Lame Storyteller, Poor and Despised, Buchholz i.d.N. 2009, S. 97-127

(Moore2) Kill, Kill, Kill. In: Moore, Peter R.: The Lame Storyteller, Poor and Despised, Buchholz i.d.N. 2009, S. 152-155

(Sams) Eric Sams: Der Name *Hamlet* als Indiz. *Neues Shakespeare Journal* IV, 153

(Tieck) Shakspeare's dramatische Werke übersetzt von Aug. Wilh. v. Schlegel und Ludwig Tieck. Elfter Band. Berlin 1840.

(Wagner) Gerold Wagner: Blendung und Verblendung. King Lear – eine sophokleische Tragödie. *Neues Shakespeare Journal* N.F. 7

(Wember) Hanno Wember: Erhellende Finsternisse. *Neues Shake-speare Journal* XII, 107-115.

Steckels Shake-Speare
Editionsplan

The Life of Tymon of Athens/Timon aus Athen (2013)
The Tragedie of Macbeth/Die Macbeth Tragödie (2013)
The Tragedie of Anthony and Cleopatra/Antonius und Cleopatra (2013)
The Tragoedy of Othello, the Moore of Venice/Die Tragödie von Othello, dem Mohren von Venedig (2014)
A Midsommer Nights Dreame/Ein Mittsommernachtstraum (2014)
As you Like it/Wie es euch gefällt (2014)
Loues Labour's lost/Verlorene Liebesmüh (2015)
The Life and Death of King John/Leben und Sterben des Königs John (2016)
The Tempest/Der Sturm (2017)
Cymbeline King of Britaine/König Cymbeline (2017)
The Tragedie of King Richard the second/Die Tragödie von König Richard II. (2018)
The Tragedie of King Lear/Die Tragödie von König Lear (2019)

★ ★ ★

Twelfe Night, Or what you will/Die zwölfte Nacht oder Was ihr wollt
The most lamentable Tragedie of Romeo an Iuliet/Die Tragödie von Romeo und Julia
The Tragedie of Hamlet, Prince of Denmarke/Die Tragödie von Hamlet, Prinz von Dänemark
The Raigne of King Edward the third/Die Regierung des Königs Edward III.